3D 프린터 개발산업기사

― 필기+실기 ―

선영태·문용재·고병갑·정호승·이무연·정윤성·강민정·정현지 공저

형설
미래교육원

머리말

3D 프린터 개발 전문가와 관련된 각 산업체 전문인력은 기계공학, 전자공학, 정보통신공학, 건축공학 등의 전공에서 많이 배출되었고, 점차 산업에 대한 관심이 높아지면서 3D 프린터를 전문적으로 다루는 학과를 준비하는 과정에 있다.

3D 프린터용 제품 제작은 각 산업체 디자인, 문화·예술 컨텐츠 제작, 조형과 공예 등 다양한 소재와 문화에 적용되고 있으며, 의료산업과 의류산업에도 국내시장의 확대가 높아지고 있으며, 관련 학과가 점차 늘어나고 있는 추세이다.

최근 3D 프린터와 관련된 논문 및 각 대학 석사과정, 박사과정이 개설되었으며, 전공 학과 전문기술 학문으로 자리를 잡고 있다.

국내 활성화되고 있는 교육은 초등학교 방과후 수업, 중학교 자유학기제 동아리 수업, 특성화 고등학교 자격취득과정 등 이다.

산업체의 주요활동분야는 실용신안의 프로토타입 제작과 신제품 개발 분야의 샘플 제작과 응용 기기 개발 분야 중 프레임 및 내·외장재 플라스틱, 신소재 적용 분야에 활용이 점차 증가되고 있다.

교육과목으로는 올해 Q-net 자격정보에 3D 프린터 개발 산업기사와 3D 프린팅 운용 기능사가 국가 기술 자격증 신설로 추가되었으며, 금년 실시되는 첫 회 필기시험이 공지되었다.

3D 프린터 개발산업기사는 직무영역에서 국내·외 개발 시장동향, 자료 조사 방법, 구동방식에 의한 종류와 소재별 특성과 사용방법에 의한 분류방식, 개발 관련 특허 및 시장조사 방식, 장치개발에 따른 구동장치, 이송장치, 제어장치 응용소프트웨어 사용방법과 장비사용 안전항목과 준수사항을 습득하며, 능력단위 요소별 수행준거를 기준으로 개발되었음을 강조하고 있다.

차 례

1. 시장분석 ··· 6
2. 개발 계획 수립 ·· 18
3. 소재 개발 ·· 30
4. 회로 개발 ·· 42
5. 기구 개발 ·· 54
6. 구동장치 개발 ·· 66
7. 제어프로그램 개발 ·································· 78
8. 응용소프트웨어 개발 ······························· 90
9. 품질보증 안전관리 ································ 106
10. 실기 예상 정리 ···································· 116

01 시장분석

유형분석

시장분석이란 시장의 요구에 적합한 3D 프린터를 개발하기 위하여 관련 시장을 조사하고 법규를 검토하며 개발하고자 하는 프린터의 기술방식을 비교·검토하는 능력이다.

학습포인트

☑ 3D 프린터와 관련된 시장의 요구사항을 파악하기 위하여 지역별·제품별·제조사별 기술동향, 제품라인업, 가격동향, 판매물량, 시장점유율 등의 조사항목을 선정한다.

☑ 조사를 수행하기 위하여 온라인, 인적네트워크, 전문조사기관의 발간자료와 같은 조사경로를 결정할 수 있다.

☑ 결정된 내용에 따라 조사를 수행하고 결과보고서를 작성하여 자사의 수준과 비교·분석하고 개발 방향에 적용할 수 있다.

01 시장분석

1 3D 프린터 개발 국내·외 동향 중 해당 산업 분야의 내용과 다른 것은?
① EADS사 에어버스 부품 활용
② 우주 분야 운반 재료 조달 문제 미해결
③ 1997년부터 항공기 엔진부품 생산 GE
④ 이코노미스트 제3의 산업혁명

2 다음 중 3D 프린팅 활용범위 설명 중 내용이 다른 것은?
① 소비재 전자, 자동차, 메디컬 분야가 가장 높이 활용되고 있다.
② 장비 및 소재를 개발하는 서비스업의 기업들로 시장이 형성되고 있다.
③ 시정점유율이 높은 플라스틱과 금속이 소재 개발에 주를 이루고 있다.
④ 장비 가격이 지속적으로 높아져 고속성장을 전망하고 있다.

3 다음 중 3D 프린터 제조업체 중 세계 1위로 기업 규모나 기술력 면에서 가장 우수한 회사는?
① EOS
② Makerbot
③ Stratasys
④ Voxeljet

4 3D 프린팅 기술 도입에 따른 파급효과와 가장 거리가 먼 것은?
① 제조공정 단순화
② 개별 주문 생산 확대
③ 소규모 제작사 등장
④ 신 모델 개발 기간 지연

5 다음 내용을 설명하고 있는 3D 프린팅 기술방식은?

> 선택적 레이저 소결 방식
> 금속제품에 사용 가능
> 조형물의 주재료는 분말이다.
> 고분자 금속분말 사용

① SLA
② SLS
③ DLP
④ LAM

6 다음 3D 프린팅 기술방식 중 FDM 방식의 기술내용과 거리가 먼 것은?

① 융합수지 압출 방식
② 가격과 유지 보수 비용이 저렴하다.
③ 성형속도가 빠르다.
④ 스트라타시스사의 CEO '스콧 크럼프'에 의해 발명

7 3D 프린팅 방식 중 그 연결이 잘못된 것은?

① SLA - 액체플라스틱
② SLS - 분말 파우더
③ LOM - 레진, 왁스
④ FDM - ABS, PLA

8 3D 프린터 작동 방식별 분류 내용 중 틀린 것은?

① SLA - 포인트 바이 포인트
② MJM - 포인트 바이 포인트
③ DLP - 레이버 바이 레이버
④ FDM - 레이어 바이 레이버

01 시장분석

9 다음이 설명하는 3D 프린팅 기술방식은?

> 마스크 투영, 이미지 경화 방식으로 빛을 투사하여 층층히 굳혀나간다.
> (경화)프린팅 표면 조도가 우수하다.
> 출력속도가 빠르고, 낮은 소음과 작업속도가 균일하다.
> 제품 사이즈가 작으며, 프린터 가격이 상대적으로 고가이다.

① DLP
② SLA
③ LAM
④ FFF

10 다음이 설명하고 있는 재료는?

> 쥬얼리, 치과용 보철, 의료기기 등 다양한 분야에 응용
> 패턴 기술 방식
> 레이어 두께 0.025mm 이상 성형 가능

① 실리콘
② 레진
③ 왁스
④ 수지

11 3D 프린팅 시장조사 자료수집 방법과 거리가 먼 것은?

① 방송, 신문
② 문헌, 사례연구
③ 인터넷 조사
④ 우편 조사

12 다음 3D 프린터 특허 관련 내용 중 틀린 것은?

① 최초의 특허는 1984년 찰스 헐에 의한 SLS 방식 특허이다.
② FDM 방식 특허는 일반인에게 3D 프린팅 기술 붐을 이루는 데 커다란 기여를 했다.
③ 2014년 2월에 만료된 SLS 방식 특허는 산업적 파급효과가 매우 컸다.
④ FDM 방식 특허 바탕으로 스트라타시스사가 설립되었다.

13 다음 중 특허 검색 사이트와 거리가 먼 것은?

① kats.go.kr
② kipo.go.kr
③ kisti.re.kr
④ kipris.go.kr

14 3D 프린터 시장조사 자료 분석의 종류 중 도표를 그려서 분석하는 방법으로 발생비율 중 높은 비율의 데이터만을 추출하기 위해 개발된 분석기법으로 원인별로 문제점을 막대그래프로 표시한 기법은?

① 카노분석
② 빈도분석
③ 파레토분석
④ 교차분석

15 다음 그림에서 설명하고 있는 3D 프린팅 기술방식은?

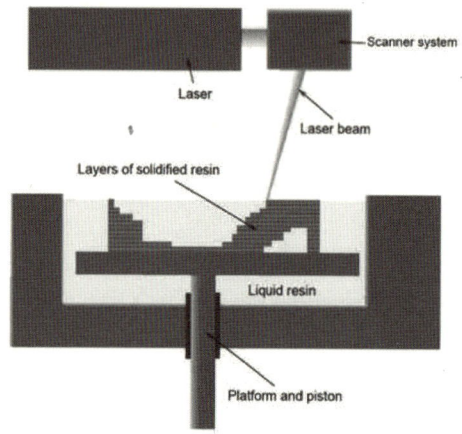

https://www.youtube.com/watch?v=Som3CddHfZE

① PBP
② SLA
③ FDM
④ SLS

16 다음 그림에서 설명하고 있는 3D 프린팅 기술방식은?

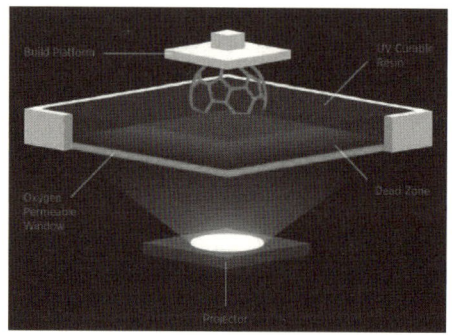

: https://www.youtube.com/watch?v=l3TgmvV2ElQ

① DLP
② SLA
③ FDM
④ SLS

17 국내·외 기술 동향 내용 중 거리가 먼 것은?

① 3D 프린팅의 핵심인 3D 프린터 장비 시장을 보면, 산업용이 대부분이며 미국·일본·독일 등 기술 선도국가가 가장 큰 시장을 형성하고 있다.

② 국내 3D 프린팅 시장도 급속히 성장하고 있으며, 3D 프린터 장비 대부분 수입에 의존하고 있다.

③ 국내 3D 프린터를 제조하는 업체로는 (주)캐리마, (주)인스텍, (주)로킷 등 소수의 업체가 시장에 참여하고 있다.

④ 개인용 3D 프린터를 제작하는 오픈크리에이디가 시장에 70% 이상을 점유하고 있다.

18 다음 선형 분사방식으로 반중력 객체 모델링에 적합한 3D 프린팅 기술방식은?

① LOM
② Polyjet
③ MJM
④ AOM

19 다음 특허 관련 만료시기 내용 중 틀린 것은?

① SLA - 2004년 08월
② 3DP - 2016년 09월
③ SLS - 2017년 02월
④ FDM - 2009년 10월

20 다음 중 제품 개발을 위한 3D 프린터와 관련된 법령자료 내용과 관련이 적은 것은?

① '지적재산권'이란 지식과 기술에 대한 재산적 가치를 뜻한다.
② 대표적으로 저작권법, 특허법, 디자인법, 상표법 등이 있다.
③ 특허권은 출원일로부터 10년, 실용신안권은 15년 이다.
④ 저작권 침해 및 인터넷 불법 유통 등의 문제로 인해 설계도면 제작 등 창의적인 분야의 성장을 저해할 것을 우려한다.

정답 및 해설

1. 답: ②
   - NASA 운반재료 조달 문제 해결
   - 현지 건축 건물 실험
   - 필요장비, 생활용품 프린팅 실험

2. 답: ④
   - 장비가격의 하락 추세로 활용범위가 지속 확대되고 있다.
   - 장비, 소재 관련 서비스업 시장규모 확대
   - 플라스틱, 금속 소재 개발 증대

3. 답: ③
   - 3D 프린터 제조업체 중 세계 1위로 기업 규모나 기술력 면에서 가장 우수한 회사로 인정받고 있다.
   - 세계 시장 점유율 1위 3D Systems로 합병했다.

4. 답: ④
   - 목업 중심의 소규모 제작업 등장
   - 실용신안 제품 개발 활성화

5. 답: ②
   - SLS(Selective Laser Sintering)
     선택적 레이저 소결 조형
     전통적인 금속 제품에 사용 가능
     고운 가루의 기능성 고분자, 금속 분말을 레이저로 용융
     현재는 다양한 가루 재료 출력: 왁스, 폴리스티렌, 나일론, 유리, 세라믹, 스텐레이스강, 티타늄, 알루미늄, 코발트 등

6. 답: ③
   - 융합수지압출적층조형(Fused Deposition Modeling)
   - 스타라타시스사 CEO '스콧 크럼프'에 의해 발명
   - FDM은 상표 등록 FFF(Fused Filament Fabrication) 사용
   - 열가소성 플라스틱을 노즐 안에서 녹여, 얇은 필름형태로 적층
   - 정밀도가 높고, 내구성 강도가 강한 편
   - 레이저를 이용하지 않기 때문
   - 성형 속도 느림
   - 가격과 유지 보수비용 저렴

7. 답: ③
   - ① SLA - 액체플라스틱: 액상수지(레진, 아크릴수지)
   - ② SLS - 분말파우더: 금속분말(알루미늄, 티타늄, 고분자 분말 가루)
   - ③ LOM - 얇은 시트(종이, 필름지)

8. 답: ④
   - 포인트 바이 포인트(액체를 굳히는 방식과 녹인 재료를 굳히는 방식)
   - MJM, FDM, FFF, SLA

9. 답: ①
   - 빛을 투과하여 수지를 층층이 굳혀 가는 방식.
   - 마스크 투영 이미지 경화.

10. 답: ③
    - MJM 기술 방식
    - 왁스 마스터 패턴 생산 방식
    - 높은 정밀도를 필요로 하는 의료 분야 응용기술에 적용

11. 답: ①
   - 면접, 문헌, 사례, 실험, 인터넷, 우편조사 등이 있다.

12. 답: ①
   - 3D 시스템 조사 창업자 '찰스 헐' 발명(1986년 특허 취득)
   - 최초의 상업용 3D 프린터: SLA

13. 답: ①
   - 국가기술표준원

14. 답: ③
   - 파레토의 이름을 따서 '파레토 분석'이라고 부른다.
   - 파레토 분석은 파레토 도표를 그려서 분석하는 방식
   - 총 발생률에 대해서 높은 비율의 데이터만을 추출하기 위해서 개발
   - 도표는 원인별로 문제점을 분류하여 막대그래프로 표시한다.

15. 답: ②
   - 고가의 장비와 레이저 유지 보수비용의 이유로 최근에는 많이 보급이 되지 않고 있으며, 대형 장비 또는 특정 분야에서만 사용
   - 액상 수지의 재료

16. 답: ①
   - 입광경화성 액상 수지를 사용하며, 백만 개 이상의 작은 거울이 반사하는 빛으로 광경화성 수지를 고형화 하는 방식
   - 뛰어난 미세형상 능력을 자랑하나, 파트가 커질수록 해상도가 떨어지면서 치수 정밀도는 떨어짐

17. 답: ④
    - 주요 선진국(미국, EU 등)들이 주도, 다양한 분야로의 응용을 위한 기술개발 집중투자 중이며, 서비스 시장 확대를 전망하고 있다.
    - 미국, 일본, EU, 이스라엘, 중국 등 주요 국가의 장비가 시장을 점유하고 있으며, 장비기술 보유업체가 소재기술도 동시 보유중이다.
    - 3D 프린터 장비 공급업체는 소수의 선두기업들이 시장의 약 70% 이상을 점유하고 있으며, 장비 공급업체가 직접 소재 개발을 통해 소재 공급까지 주도하고 있는 상황

18. 답: ④
    - 선형 분사 방식: 반중력 객체 모델링
    - 서포트 없이 공간에서 조형(곡면, 직선 표현)

19. 답: ③
    - 2014년 02월

20. 답: ③
    - 권리를 획득한 국가에서 적용.
    - 출원일로부터 20년
    - 실용신안권은 10년

02 개발 계획 수립

유형분석

개발 계획 수립이란 경쟁력 있는 3D 프린터를 개발하기 위하여 제품 특성에 적합한 기술방식을 선정하고 제품의 원가를 산정하며 개발의 방향과 일정을 수립하는 능력이다.

학습포인트

☑ 작성된 시장조사보고서, 법규검토보고서, 기술비교검토보고서를 바탕으로 경쟁력 있는 3D 프린터 방식을 검토할 수 있다.

☑ 개발하고자 하는 3D 프린터에 대한 출력물 크기, 정밀도, 출력물의 품질과 같은 목표규격과 정밀도, 속도, 빌드 크기 등의 성능인자에 대한 검토를 할 수 있다.

☑ 검토된 방식에 따라 자사에서 개발이 가능한지를 파악하기 위해 자사가 보유하고 있는 개발역량을 분석할 수 있다.

☑ 자사의 개발역량 분석내용을 토대로 기술방식을 최종 선정하고 개발 계획에 반영할 수 있다.

☑ 개발하고자 하는 제품의 원가를 산정하기 위하여 제품의 기능별 블록도를 구성할 수 있다.

☑ 구성된 블록도를 토대로 각각의 부품의 자재비를 파악하고 금형비, 생산비가 포함된 제조원가를 산정할 수 있다.

☑ 산정된 자료와 예상 판매관리비를 반영하여 목표원가와 손익분기점을 파악하고 목표원가를 산정할 수 있다.

☑ 자사의 개발역량 분석자료를 토대로 자체개발, 외주개발, 기술도입 등의 기술 개발 방향을 결정할 수 있다.

☑ 결정된 기술 개발 방향과 기술검토보고서, 제조원가를 근거로 소요인력, 예산을 산출하고 개발 일정을 수립할 수 있다.

☑ 기술 개발 방향, 소요인력, 예산, 개발 일정을 바탕으로 제품 규격, 품질 목표가 포함된 개발계획을 수립하고 유관부서와의 협의를 거쳐 개발계획서를 작성할 수 있다.

02 개발 계획 수립

1 다음 중 3D 프린터 개발 기술에 대한 요구분야 중 거리가 가장 먼 것은?
① 자동차
② 항공기
③ 치과
④ 철도

2 다음은 3D 프린팅 법규 및 규제에 대한 내용 중 거리가 먼 것은?
① 국내 장비 및 기술 개발이 빠르게 진행되지 못하고 있다.
② 법규 규제 등에 대한 검토가 이루어지고 있으나, 적용하는데 한계를 보이고 있다.
③ 3D 프린팅 기술은 빠르게 발전하고 있다.
④ 해외와 같은 법규와 규제가 완전하게 갖춰 자동차, 항공기 부품 관련 산업에 적용되고 있다.

3 다음과 같이 적용되는 3D 프린팅 기술 방식은?

> 빛을 주사하여 선택적으로 경화시키는 방식
> 다른 3D 프린팅 방식에 비해 정밀도가 우수하다.

① 재료 분사
② 수조광경화
③ 접착제 분사
④ 재료압출

4 다음과 같이 적용되는 3D 프린팅 기술방식은?

분말소재를 주원료로 사용한다.
열에너지를 선택적으로 가해서 융접시켜 접합하는 방식

① SLS 방식
② FDM 방식
③ Polyjet 방식
④ DLP 방식

5 다음 중 접착제 분사 방식의 장·단점 내용과 거리가 먼 것은?
① 재료가 분말이기 때문에 별도의 연마작업이 필요하다.
② 별도의 지지대가 필요없다.
③ 재료 사용이 제한적이다.
④ 낮은 비용으로 높은 출력속도가 가능해진다.

6 3D 프린팅 기술방식에 대한 특징과 거리가 먼 것은?
① 고출력 열원의 레이저 방식은 재료를 침착하는 방식으로 비용이 저렴하다.
② 광경화 수지 방식의 재료는 제한적이다.
③ 재료 압출 방식은 출력속도 조절이 자유로우나 제품 품질이 낮아진다.
④ 접착제 분사 방식의 재료가 분말이기 때문에 경제적 부담감이 크다.

7 다음 중 법규 검토보고서의 내용과 거리가 먼 것은?
① 특허
② 시험항목
③ 실용신안
④ 의장등록

02 개발 계획 수립

8 다음 3D 프린팅 공정별 재료 사용이 가능한 방식은?

> **보기** 세라믹, 금속, 플라스틱, 왁스, 모래 등

① 접착제 분사 방식
② 재료 압출 방식
③ 분말 융접 방식
④ 판재 적층 방식

9 다음 중 고체를 용융하여 적층을 하는 열원 매체로서 전열을 사용하는 방식은?
① SLS
② FDM
③ PBP
④ LOM

10 3D 프린팅은 대부분 단색의 재료를 사용하는데, 다음 중 다양한 컬러를 프린트 할 수 있는 방식은?
① FDM
② Polyjet
③ DLP
④ MJM

11 3D 프린팅 방식 중 SLA, SLS, DLP 공통적인 특징은?
① 모두 LASER를 사용한다.
② UV(Ultra violet: 자외선)를 사용한다.
③ 광원(Lithography)을 사용한다.
④ IR(intra red: 적외선)을 사용한다.

12 다음 중 3D 프린팅 방식을 지칭하는 용어가 아닌 것은?

① Additive Manufacturing
② Subtractive Manufacturing
③ Specified Fabrication
④ Rapid Prototyping

13 다음 중 기술검토 결과보고서 항목으로 부적합한 것은?

① 검토 시작일과 종료일
② 검토자 성명
③ 조작환경
④ 검토 결과 요약

14 다음 중 개발 제품의 기능별 블록도의 설명과 거리가 먼 것은?

① 자료와 흐름을 구체적인 그림도형으로 표현한 것이다.
② 기능별 블록도에서는 하위 기능에 대한 판단이 어렵다.
③ 분석 및 입·출력 과정으로 표현한다.
④ 전체적인 프로그램이나 회로의 구조를 정리하는데 사용된다.

15 다음 중 3D 프린터 구성요소 중 전자부품에 속하지 않는 것은?

① Pulley
② Heating Bed
③ Controller
④ End Stop

02 개발 계획 수립

16 다음 중 RepRap에서 사용되고 있는 펌웨어(Firmware)는?

① PronterFace

② Teacup

③ Slic3r

④ SFACT

17 다음 중 FDM 방식 3D 프린터 구성품의 Extruder 구성요소와 거리가 먼 것은?

① Hot End

② Cold End

③ Hot Bed

④ Threaded Rods

18 스테핑 모터의 동작신호에 사용되며, 컨트롤러회로에 내장되는 부품은?

① Threaded Rod

② End Stop

③ Extruder

④ Motor Driver

19 3D 프린터 개발 항목 중 제조원가 계산방식은?

① 제조원가 = 재료비+간접재료비+노무비+간접노무비+경비

② 제조원가 = 재료비+노무비+경비

③ 제조원가 = 재료비+직접재료비+노무비+직접노무비

④ 제조원가 = 제조직접비+제조간접비

20 다음 중 개발계획서 작성 시 간트의 차트 장점과 거리가 먼 것은?

① 작업자별 성과를 비교할 수 있다.
② 변경을 유연하게 반영하기 어렵다.
③ 계획과 실적을 지속적으로 파악할 수 있다.
④ 복잡하고 세밀한 계획에 적합하다.

정답 및 해설

1. 답: ④
   - 자동차, 항공기, 항공기 부품, 의료 부문, 식품 및 제조 관련 프로토타입 제작 산업체

2. 답: ④
   - 3D 프린팅 기술이 세상에 선보이기 이전에 만들어진 법규나 규제를 적용하는 데에는 한계를 보이고 있다

3. 답: ②
   - 빛을 광원으로 사용하여 조사하는 방식
   - 광경화 수지 조형 방식, 레진 등 액체소재를 주원료로 사용한다.

4. 답: ①
   - SLS방식: 선택적 레이저 소결방식

5. 답: ③
   - 플라스틱, 금속, 세라믹 등 분말형태로 만들 수 있듯이 다양한 재료의 사용이 가능

6. 답: ①
   - 선택적 소결 방식(레이저)으로 제작비용이 높다.
   - 비용이나 기술적 한계를 갖는다.
   - 금속제품 출력에 적합하다.

7. 답: ②
   - 시험항목: 기술검토 보고서 항목

8. 답: ①
    - 판재 적층 방식: 종이
    - 재료 압출 방식: 플라스틱, 왁스
    - 광경화수지 방식: 플라스틱, 왁스

9. 답: ②
    - SLA: lithography
    - SLS: LASER
    - FDM: Electricity
    - DLP: Lithography

10. 답: ②
    Polyjet: 광경화 소재 또는 석고분말 등을 사용하는 3D 프린터 성형부위에 기존 잉크젯 프린터와 같은 노즐을 통해 액체 상태의 잉크를 분사하여 컬러로 인쇄하는 방식

11. 답: ③
    - 각 방식별 약자는 SLA(Stereo Lithography Apparatus), SLS(Selective Laser Sintering), DLP(Digital Light Processing)으로서 반드시 Laser를 사용하는 것은 아니고 공통적으로 광원을 사용한다.

12. 답: ②
    - Subtractive Manufacturing: 공제식 가공방식으로 종래의 CNC 공작 방식

13. 답: ③
    - 시장조사, 법규검토, 기술검토의 분석자료 포함
    - 검토내용 및 검토요약 결과보고서
    - 제목 및 참고자료
    - ③은 사양서 작성 항목이다.

14. 답: ②
    - 상위 하위 기능별 블록도 작성
    - 기능별 상관관계 판단 및 파악 가능
    - 작성된 블록도로 기술방식 검토 가능

15. 답: ①
    - 기계 구성품
    - RepRap(http://reprap.org)

16. 답: ②
    - FirmWare: Sprinter, Marlin, Repetier
    - ②은 Gcoode Generator

17. 답: ④
    - Mechanics(기계구성품)에 속함.

18. 답: ④
    - 모터드라이버 스텝핑모터의 회전 모터드러이버 값에 의해 변화.

19. 답: ②
    제조 원가 = 재료비 + 노무비 + 경비
    제조 원가 = 제조 직접비 + 제조 간접비
    제조 직접비 = 직접 재료비 + 직접 노무비 + 직접 경비
    제조 간접비 = 간접 재료비 + 간접 노무비 + 간접 경비

20. 답: ④
    - 복잡하고 세밀한 일정 계획에 적용하기는 어렵다.

MEMO

03

소재 개발

유형분석

소재 개발이란 3D 프린터의 제품 특성에 적합한 소재를 적용하기 위하여 소재를 선정하고 소재물성을 관리하며 소재물성을 테스트하는 능력이다.

학습포인트

- ☑ 개발계획서에서 결정된 3D 프린터의 방식에 대한 성능을 구현하기 위해서 요구되는 소재를 선정하기 위한 계획을 수립할 수 있다.
- ☑ 소재를 선정하기 위하여 수립된 계획에 따라 지역별·제품별·제조사별 기술동향, 제품라인업, 가격동향, 판매물량, 시장점유율 등의 조사항목을 결정할 수 있다.
- ☑ 소재에 대한 선정조사를 수행하기 위하여 온라인, 인적네트워크, 전문조사기관의 발간자료와 같은 조사경로를 결정할 수 있다.
- ☑ 결정된 조사경로를 통하여 소재를 선정하여 결과보고서를 작성하고 개발 방향에 적용할 수 있다.
- ☑ 선정된 소재의 물성관리를 위해서 소재업체로부터 제공된 기술자료를 수집할 수 있다.
- ☑ 수집된 기술자료를 운용지침, 시험항목, 기술기준으로 분류하고 적정성을 검토할 수 있다.
- ☑ 기술기준의 적정성 결과를 토대로 소재물성 검토 보고서를 작성할 수 있다.
- ☑ 소재의 물성테스트를 방향을 결정하기 위하여 3D 프린터에 적용된 시험항목을 파악할 수 있다.
- ☑ 시험항목을 토대로 테스트하기 위한 시험기관, 시험절차, 시험방법을 선정하고 시험에 필요한 자료를 입수할 수 있다.
- ☑ 결정된 소재를 테스트용 3D 프린터에 적용하여 소재를 사용하여 출력을 함으로써 소재의 문제점을 파악할 수 있다.
- ☑ 소재의 규격, 성능, 특장점과 테스트를 통해 도출한 문제점을 검토하여 개발에 반영할 수 있도록 테스트 결과보고서를 작성할 수 있다.

03 소재 개발

1 다음 중 시트를 얇게 해서 프린트 하는 방식은?
① FDM
② LOM
③ DLP
④ MJM

2 PLA 필라멘트에 대한 설명으로 가장 바르지 않은 것은?
① Polylactic acid Filament의 약자다
② 이산화탄소 발생량이 적다
③ 바이오 소재 특성상 출력 시 유해한 성분이 발생하지 않는다.
④ PLA 필라멘트 일반 플라스틱 ABS 대비 훨씬 강도가 높다

3 필라멘트 구매 시 사용자의 확인 필수사항으로 가장 적절하지 않은 것은?
① 필라멘트 보빈 사이즈
② 필라멘트 색상
③ 물성 안전 감사 확인 사항
④ 3D 프린팅 시 재료별 조건표

4 FDM 방식의 3D 프린팅 재료인 필라멘트에 대한 설명으로 옳지 않은 것은?
① ABS는 강성이 우수하고 가격이 저렴하다
② ABS는 힛베드 없이 조형이 불가능하다
③ PLA는 ABS 가격과 비슷하고 후처리가 매우 쉽다
④ PLA는 친환경 소재로 가정용, 교육용 재료로 적합하다

5 다음 중 ABS의 프린팅 적정 온도에 속하는 범위는?

① 160 ~ 190

② 190 ~ 220

③ 220 ~ 250

④ 250 ~ 280

6 다음 중 3D 프린터 개발 순서에 맞게 나열 된 것은?

① FDM-SLA-DMT-DLP

② FDM-SLA-DLP-DMT

③ SLS-SLA-DLP-DMT

④ SLA-DLP-FDM-DMT

7 다음은 소재 용융점이 가장 높은 소재는?

① PLA

② ABS

③ PA

④ PC

8 다음 중 소재별 기계적 물성과 관련이 적은 것은?

① 인장률

② 비열

③ 굴곡률

④ 충격률

03 소재 개발

9 3D 프린터 분류 방식 중 델타 방식에 대비 카르테시안 방식의 특징이 아닌 것은?
① 치수 정밀도가 높다
② 각진 도형 성형에 유리하다.
③ 대형물 조형을 위한 프린터 확장성이 좋다.
④ 익스트루더에 다이렉트 방식을 주로 사용한다.

10 설계 규격서 작성 시 관련이 적은 것은?
① 제작도
② 입면도
③ 조립도
④ 부품도

11 직선운동을 회전운동으로 바꾸려고 할 때 다음 중 어느 기어를 사용할 것인가?
① 래크와 피니언(rack and pinion)
② 하이포이드기어(hypoid gear)
③ 제롤기어(zerol gear)
④ 스큐기어(skew gear)

12 진동이나 충격 때문에 이완되는 것을 방지하는 너트는?
① 육각캡너트(KSB 1026)
② 나비너트(KSB 1014)
③ 로크너트(lock nut)
④ 아이너트(KSB 1034)

13 다음은 소재의 변형에 대한 설명이다. 소성변형에 대한 내용 중 틀린 것은?
① 응력과 변형율은 비선형적 관계를 유지한다
② 하중을 제거해도 되돌아오는 성질이다
③ 선형(비례)관계를 유지한다.
④ 고체에 용하는 외력에 힘을 가해 변형을 일으킨다.

14 오일리스(oilless) 베어링에 대한 다음 설명 중 틀린 것은?
① 베어링 메탈 속에 윤활유가 함유되어 있다.
② 식품기계 등 깨끗한 곳에 사용된다.
③ 주유가 곤란한 곳에 사용된다.
④ 주유를 규칙적으로 하여야 한다.

15 물에 용해되는 재료로 200℃의 융점을 가지고 있고, 수용성 지지대 제작 시 활용되는 소재는 무엇인가?
① PU
② PVA
③ EPOXY
④ PET

16 화학물질을 안전하게 사용하고 관리하기 위하여 필요한 장비를 기재한 자료로 안전 Data Sheet라고 불리는 것은?
① TDS
② ADD
③ MSDS
④ HDI

03 소재 개발

17 다음 재료 중 가장 강도가 높은 순서대로 옳게 나열 된 것은?
① PLA-ABS-PA12-ULTEM
② ABS-PA12-PLA-ULTEM
③ ULTEM-PA12-ABS-PLA
④ ULTEM-PLA-ABS-PA12

18 압입 강도 시험의 일종으로 대면각이 136°인 정사각뿔형 다이아몬드 압자에 정하중을 걸어서 경도를 측정하는 시험은?
① 비커스 경도 시험
② 브리넬 경도 시험
③ 로크웰 경도 시험
④ 쇼어 경도 시험

19 재료의 기계적 성질을 조사하는 재료 시험으로써, 비례한도, 탄성한도, 탄성계수 등을 측정할 수 있는 시험은?
① 압축 시험
② 인장 시험
③ 피로 시험
④ 크리프 시험

20 열과 압력을 가해 소성을 변형할 수 있으며, 냉각하면 경화되어 단단해지는 성질을 가진 합성 고분자 화학 물질은?
① 열경화성 수지
② 열가소성 수지
③ 강화 플라스틱
④ 열전도성 플라스틱

MEMO

정답 및 해설

1. 답: ②

   LOM(Laminated objet manufacturing): 칼이나 레이저로 얇은 종이 또는 플라스틱 등을 접합하여 인쇄하는 방식으로 비교적 속도가 빠르고 잉크젯 노즐로 컬러 인쇄 가능

2. 답: ④

   PLA 필라멘트는 일반 플라스틱 ABS 대비 약 80%의 강도를 가진다.

3. 답: ②

   필라멘트 색상은 출력에 영향을 주는 중요 요소의 확인 사항이 아니다.

4. 답: ③

   PLA 필라멘트는 일반 플라스틱 ABS 대비 가격이 비싸고 후처리가 어렵다.

5. 답: ③

   ABS의 프린팅 적정 온도 범위: 210 ~ 240

6. 답: ②

   FDM-SLA-DLP-DMT

7. 답: ④

   - PLA: 80~230℃
   - ABS: 210~260℃
   - PA: 235~270℃
   - PC: 270~300℃

8. 답: ②
   - 비열:열적 성질

소재	인장 강도(MPa)	연신율(%)	충격 강도(J/m)	열 변형 온도(℃)
ABSplus	33	6	106	96
ABS-M30	32	7	128	96
PA12	48	30	200	75
PC	68	5	53	138
PC-ABS	34	5	235	110
PEI(Ultem)	71.6	6	105	167

9. 답: ③
   대형물 조형을 위한 프린터 확장성은 델타가 좋다.

10. 답: ②
    설계규격서:제작도, 조립도, 부품도

11. 답: ①
    레크:직선운동을 회전운동으로 바꾼다.
    피니언:회전운동을 직선운동으로 바꾼다.

12. 답: ③
    볼트의 너트가 진동 등으로 인해 이완되는 것을 방지하기 위하여 사용.

13. 답: ②
    - 하중을 제거하면 원래 상태로 되돌아오는 변형은 탄성변형이다.

14. 답: ④
   - 구조상 급유가 어렵거나 급유 불능 지점에 사용.

15. 답: ②
   - 폴리비닐알코올의 영문 약자
   - 대표적인 수용성 합성고분자

16. 답: ③
   MSDS: 물질안전데이터시트

17. 답: ②

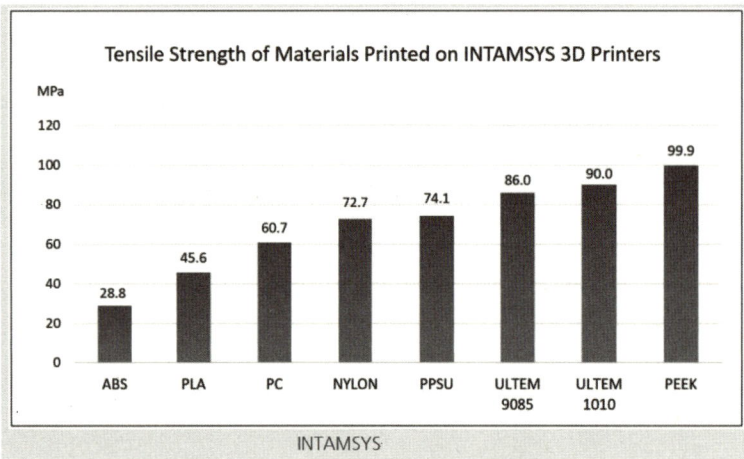

[출처: INTAMSYS]

18. 답: ①
   - 로크웰: 정각 120도의 다이아몬드이다.
   - 브리넬: 직경을 가지는 강구(볼)를 하중을 준다.
   - 쇼어: 반발 시험의 일종

19. 답: ②
　　비례한도, 탄성한도, 탄성계수, 푸아송의 비 등의 물리적인 특성을 시험한다.

20. 답: ②
　　- 열과 힘의 작용으로 영구적 변형이 생기는 성질을 열가소성(heat plasticity)이라고 한다.

04

회로 개발

유형분석

회로 개발이란 시장에서 요구하는 3D 프린터의 회로부를 개발하기 위하여 설계조건을 분석하고 제어회로를 설계하며 설계 신뢰성을 확보하는 능력이다.

학습포인트

☑ 신규개발계획에 따라 결정된 3D 프린터의 기구검토를 토대로 회로물의 크기와 설계의 제약조건을 확인할 수 있다.

☑ 제약조건을 고려하여 회로설계에 필요한 부품의 특성, 용량, 규격 등을 확인하고 적합한 부품을 선정할 수 있다.

☑ 선정된 부품을 활용하여 회로의 성능을 구현하기 위하여 각 회로부품에 대한 성능검토를 실시하고 회로도에서 요구하는 규격과 일치하는지를 확인함으로써 설계조건을 분석할 수 있다.

☑ 3D 프린터의 기능을 효과적으로 수행하기 위한 제어회로를 설계하기 위하여 각각의 기능별 블록도를 구성하고 회로도를 작성할 수 있다.

☑ 작성된 회로도를 기반으로 설계조건을 고려하여 인쇄회로기판(PCB)을 설계하고 부품실장을 진행할 수 있다.

☑ 설계조건을 고려하여 제작된 제어회로가 사용목적에 맞게 동작하는지 계측장비를 통해 검토할 수 있다.

☑ 제작된 제어회로가 요구하는 설계조건의 만족 여부를 확인하기 위하여 동작검사용 지그를 제작할 수 있다.

☑ 제작된 검사용 지그를 활용하여 제어를 요구하는 각각의 기능에 대한 전기적 동작검사를 수행할 수 있다.

☑ 동작검사 결과를 바탕으로 문제점을 파악하고 설계를 개선함으로써 제어회로설계에 대한 신뢰성을 확보할 수 있다.

04 회로 개발

1 IC의 특징으로 틀린 것은?
① 소형이다.
② 모든 수동 소자의 집적이 가능하다.
③ 경제적이다.
④ 신뢰도가 높다.

2 LSI(Large Scale Integration Circuit)의 집적도는 얼마나 되는가?
① 1 ~ 100
② 100 ~ 1,000
③ 1,000 ~ 10,000
④ 10,000 이상

3 자료의 덧셈, 뺄셈 등의 기능을 수행하는 장치는?
① 레지스터
② 연산장치
③ 제어장치
④ 기억장치

4 직류 전원 공급 장치를 구성하는 회로가 아닌 것은?
① 정류기
② 전압조정기
③ 필터
④ 발진기

5 다음 중 3D 프린터에서 일반적으로 가장 많이 사용하는 온도센서는?

① 50k ATC Semitec 204GT-2

② 100k EPCOS thermistor

③ 200k mendel-parts thermistor

④ 4.7k Maker's Tool Works thermistor

6 과대 전류에 대한 보호용으로 사용되는 다이오드는?

① 리드 다이오드

② 터널 다이오드

③ 제너 다이오드

④ 온도형 다이오드

7 써미스터(Thermistor)는 저항이 무엇에 대하여 비직선적으로 변하는 소자인가?

① 전류

② 주파수

③ 전압

④ 온도

8 낙뢰와 같이 급격한 서지 전압(Surge Voltage)으로부터 회로를 보호하기 위하여 전원이 인가되는 초단에 주로 사용되는 소자는?

① 시미스디

② 쇼트키 다이오드

③ 바리스터

④ 제너 다이오드

9 다음 중 DC모터 및 AC모터의 특징과 거리가 먼 것은?
① DC모터는 가격이 저렴하고 회로가 간단하다.
② DC모터는 소형화가 가능하고, 고속회전이 가능하다.
③ AC모터는 구조가 견고하다.
④ AC모터는 제어회로가 복잡하고 가격이 비싸다.

10 다음은 전류 전압 저항의 내용으로 부적절한 것은?
① 전류는 전압×저항
② 전압은 전류×저항
③ 저항은 전압÷전류
④ 전류는 전압÷저항

11 다음 중 멀티테스터기의 사용 내용으로 틀린 것은?
① AC - 교류전압 측정시
② AC - 직류전압 측정시
③ DC - 직류전압 측정시
④ 스큐기어(skew gear)

12 다음 중 전류의 3대 작용에 해당되지 않는 것은?
① 발열작용
② 화학작용
③ 자기작용
④ 교류작용

13 리드가 30mm의 3줄 나사가 있다. 이 나사의 피치는 몇 mm인가?

① 30mm

② 15mm

③ 10mm

④ 5mm

14 다음 중 회로구성 Full Up / Full Down 저항의 올바른 설명은?

① 풀업은 Low 신호를 포트로 보내는 것이다.

② 풀업은 High 신호를 포트로 보내는 것이다.

③ 풀다운은 High 신호를 포트로 보내는 것이다.

④ 풀업저항 계산시 오옴(Ohm's law)의 법칙을 사용하여 저항의 크기를 구한다.

15 다음 스텝 모터의 경우 X축이 1mm 움직이는데 필요한 펄스 수는?

(단, GT2 벨트 피치 2mm, 풀리의 잇수(이빨)는 20개)

① 80

② 3200

③ 160

④ 1600

04 회로 개발

16 다음 버어니어캘리퍼스의 측정이 올바르게 나열한 것은?

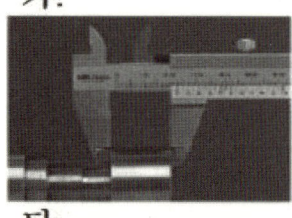 가.
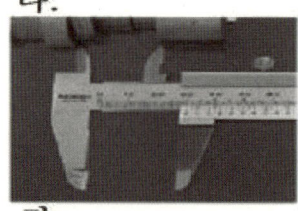 나.
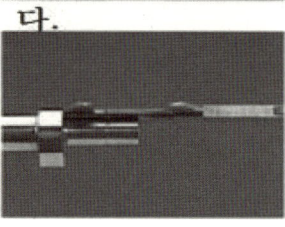 다.
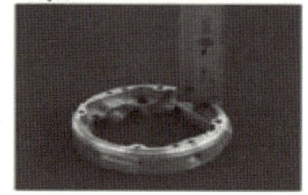 라.

① 가. 외측 측정 나. 단차 측정 다. 깊이 측정 라. 내측 측정
② 가. 외측 측정 라. 단차 측정
③ 가. 외측 측정 나. 내측 측정
④ 가. 내측 측정 나. 단차 측정 다. 단차 측정

17 필라멘트 구매 시 사용자의 확인 필수사항으로 가장 적절하지 않은 것은?
① 필라멘트 보빈 사이즈
② 필라멘트 색상
③ 물성안전감사 확인사항
④ 3D 프린팅시 재료별 조견표

18 3D 프린터에서 Offset의 종류가 아닌것은?
① X-Offset
② Y-Offset
③ Z-Offset
④ E-Offset

19 다음 그림은 띠가 4줄인 저항을 읽는 내용으로 맞지 않는 것은?

띠가 4줄인 경우

(ㄱ. 빨강 ㄴ. 노랑 ㄷ. 파랑 ㄹ. 갈색)

① ㄱ. 10 자릿수
② ㄴ. 1 자릿수
③ ㄷ. 10^n
④ ㄹ. 이 자릿수

20 다음 중 제작 제어회로의 설계조건에 대한 설명으로 틀린 것은?
① 지그는 PCB판의 형상에 따라 다르게 제작된다.
② 지그 제작은 전자·전기 PCB 제품, 부품 등의 조정, 검사를 위하여 제작한다.
③ 검사용 지그는 두 가지로 바디와 핀으로 구성되어 있다.
④ 지그제작은 PCB 회로의 검사를 손으로 하기 힘든 곳에 사용한다.

정답 및 해설

1. 답: ②
   - IC의 특징
     ① 소형이다.
     ② 경제적이다
     ③ 신뢰도가 높다

2. 답: ③
   - LSI(Large Scale integration Circuit)의 집적도 1,000~10,000 정도이다.

3. 답: ②

4. 답: ④
   - 직류전원공급장치 회로(전원 회로장치)는 변성기회로, 정류기회로, 필터회로부로 구성된다.

5. 답: ②

6. 답: ③
   - 제너다이오드는 과대 전류 보호용으로 사용된다.

7. 답: ④
   - thermistor(서미스트)는 온도상승 시 저항이 비직선적으로 감소되는 소자이다.

8. 답: ③

전압이 상승하면 저항이 감소되는 소자로서 용도는 낙뢰와 같이 급격한 서지전압(Surge-Voltage)으로부터 회로를 보호하기 위하여 전원이 인가되는 초단에 주로 사용되는 소자이다.

9. 답: ②
    - DC서보모터는 가격이 싸다.
    - 제어 회로가 간단하다.
    - 소형화가 가능하다.
    - 고속 회전이 어렵다

10. 답: ①
    - $I = V / R$
      $V = I \times R$
      $R = V / I$
      (I = 전류, V = 전압, R = 저항)

11. 답: ②

12. 답: ④
    발열작용: 예열 플러그, 전열기, 전구 등
    화학작용: 축전지 등
    자기작용: 전동기, 발전기 등

13. 답: ③
    $l = n * p$
    $p = l / n$
    (l: 리드, n: 나사의 줄, p: 피치)

14. 답: ②
    - EndStop 센서 작동시 Full-Up / Full-Down 신호를 포트에 보내서 동작을 제어한다.
    - Full-Up: High로 보낸다.
    - Fuii-Down: Low로 보낸다.

15. 답: ①
    - 스텝 모터의 경우 1.8° = 1펄스
    - 360도 / 1.8° = 200펄스(1바퀴 도는데 1.8도, 회전이 200번)
    - 마이크로 스텝 1/16 * 200 = 3200펄스
    - 2mm(피치) * 20개(잇수) = 40mm
    - 3200(펄스) / 40mm = 80(펄스/mm)
    - X축이 1mm 움직이는데 필요한 펄스

16. 답: ③
    - 가. 외측 측정
      나. 내측 측정
      다. 단차 측정
      라. 깊이 측정

17. 답: ②
    - 필라멘트 색상은 출력에 영향을 주는 중요 요소의 확인 사항이 아니다.

18. 답: ④
    - 각 축 Offset: 각 축의 End Stop에서 실제 노즐 사이의 거리 오차값

19. 답: ④
    - ㄱ. 10 자릿수, ㄴ. 1 자릿수, ㄷ. 10^n, ㄹ. 오차

20. 답: ③
 - 보통 검사용 지그제작은 바디, 핀, 보드, 누름판으로 구성되어 있다.

05 기구 개발

유형분석
기구 개발이란 시장에서 요구하는 3D 프린터의 기구물을 개발하기 위하여 설계 방향의 검토, 기구 설계 및 안정성을 확보하는 능력이다.

학습포인트

- ☑ 개발계획서에서 선정된 조형방식의 3D 프린터 개발에 적합한 기구의 구조를 파악할 수 있다.
- ☑ 신규 개발 부품과 표준 부품을 사용할 때의 성능, 일정, 비용 등을 비교·분석하여 부품을 선정하고 부품의 목록을 작성할 수 있다.
- ☑ 디자인 시안, 기구 설계 방향 및 부품 수급 계획을 토대로 기구개발계획을 수립할 수 있다.
- ☑ 내부 또는 외주를 통해 제작된 3D 프린터 디자인 시안을 바탕으로 기구구조를 검토하고 부품을 배치할 수 있다.
- ☑ 제작 시 생산성 향상을 위하여 작업자의 효율적인 생산 및 검사를 고려한 설계를 할 수 있다.
- ☑ 설계된 안에 따라 기구설계프로그램을 활용하여 2D 또는 3D로 설계를 구체화할 수 있다.
- ☑ 필요 시 기구 시뮬레이션 프로그램을 활용하여 설계에 대한 동작 및 구조에 대한 점검을 실시하고 시제품을 제작할 수 있다.
- ☑ 제작된 기구물이 요구하는 설계조건을 만족시키는지 확인하기 위하여 안정성 시험항목을 선정할 수 있다.
- ☑ 안정성 시험항목에 따른 검사 방법을 결정하고 검사용 장비를 확보할 수 있다.
- ☑ 확보된 검사용 장비를 활용하여 기구물에 대한 안정성 검사를 수행할 수 있다.
- ☑ 안정성 검사 결과를 바탕으로 문제점을 파악하고 설계를 개선함으로써 기구 안정성에 대한 신뢰성을 확보할 수 있다.

05 기구 개발

1 도면 치수에서 2-R30 중 R30이 의미하는 것은 무엇인가?
① 원의 지름이 30인 원을 의미한다.
② 원의 반지름이 30인 반원을 의미한다.
③ Fillet하여, 30만큼 모깎기하라는 의미이다.
④ Fillet하여, 2만큼 모깎기하라는 의미이다.

2 도면 치수에서 2-C20 중 C20이 의미하는 것은 무엇인가?
① Chamfer하여, 거리 20만큼을 모따기하라는 의미이다.
② Chamfer하여, 거리 2만큼을 모따기하라는 의미이다.
③ Chamfer하여, 거리는 2, 각도는 20도 만큼을 모따기하라는 의미이다.
④ Chamfer하여, 거리는 20, 각도는 2도 만큼을 모따기하라는 의미이다.

3 다음은 Chamfer(모따기)에 관한 문제이다. 틀린 것은?
① Chamfer(모따기)는 동등거리로만 작업해야한다.
② Chamfer(모따기)는 거리와 각도를 각각 작업할 수 있다.
③ Chamfer(모따기)는 각각의 다른 두 거리로 작업할 수 있다.
④ Chamfer(모따기)는 사각형이 아닌 삼각형으로도 깎을 수 있다.

4 도면 치수에서 2-C30 중 2가 의미하는 것은 무엇인가?
① 해당 작업에 수량을 의미한다.
② 아무 의미 없다.
③ 도면을 작업한 날짜를 의미한다.
④ 해당 작업을 가공할 때 필요한 최소 인원을 의미한다.

5 도면에서 D.P로 표기된 것은 무엇을 의미하는가?
   ① 드릴로 작업하여, 홀(hole)을 만들 것을 의미한다.
   ② 드릴로 작업하여, 파이프를 체결할 것을 의미한다.
   ③ 파이프의 사이즈를 입력할 것을 의미한다.
   ④ 홀(hole)의 깊이를 의미한다.

6 도면에서 "구멍을 내면서 관통하시오"의 올바른 표기법은 무엇인가?
   ① HOLE PT
   ② HOLE DP
   ③ HOLE THRU
   ④ HOLE DRILL

7 도면작업 시 사용하는 은선에 대한 설명으로 맞는 것은?
   ① 물체의 보이는 부분의 형상을 나타내는 선
   ② 물체의 거리를 나타내는 선
   ③ 치수나 지시사항을 기입하기위해 나타내는 선
   ④ 물체의 보이지 않는 부분의 형상을 표현한 선

8 도면작업 시 "도형의 중심을 표시하는 선"을 무엇이라 하는가?
   ① 중심선
   ② 표현처리표시선
   ③ 외형선
   ④ 가상선

05 기구 개발

9 도면작업 시 "물체의 치수를 기입하는데 쓰이는 선"을 무엇이라 하는가?
① 치수보조선
② 치수선
③ 지시선
④ 피치선

10 다음은 척도에 관한 설명이다. 그중 무엇에 해당 하는가 ?

"실물보다 작게 그릴 경우의 척도이다."

① 스케일(Scale)
② 실척
③ 축척
④ 배척

11 사용자가 기기나 시스템을 직접 사용해 보게 한 뒤, 기능 추가·변경·삭제 등을 요구하면 반영하여 설계를 재구축 하는 것은?
① 시뮬레이션
② 프로토타이핑
③ 설계구조변경
④ 기구기능 시스템설계

12 모델링 후 계획 단계에 있는 공업제품 또는 부품을 누구나 외관을 이해할 수 있도록 실물 그대로 보일 수 있도록 재질을 입히는 작업은?

① 데이터관리
② 시각화도구
③ 설계문서화
④ 랜더링

13 3D 프린터의 기구부를 제작하기 위해서는 형상과 기술 방식에 따라 표준 부품과 신규 개발 부품을 써서 개발해야 한다. 직접적인 영향을 주는 것이라 볼 수 없는 것은?

① 고객
② 품질
③ 신뢰성
④ 가격

14 다음은 한국 산업 표준분류(KS)에 해당되지 않는 것은?

① 방법표준
② 제품표준
③ 용어표준
④ 전달표준

15 다음은 ISO 표준화단계에서 "승인단계"에 해당되는 것은?

① NP
② WD
③ IS
④ FDIS

05 기구 개발

16 부품선정 시 올바른 부품인지를 확인하기 위해 분류기준을 명확히 선정하기 위한 방법은?
① WWW.KOREA.OR.KR
② WWW.KCSC.RE.KR
③ WWW.STANDERD.GO.KR
④ WWW.WEBSTANDERDS.ORG

17 다음 공의 표면에 글씨를 음각으로 작업하기 위해 [문자]를 이용하여 글씨의 음각작업을 공의 표면에서부터 시작하기 위한 [돌출 컷] 명령 대화창에서 지정할 항목은?
① 스케치 평면
② 대칭점
③ 오프셋
④ 면/평면 선택

18 다음 판금 작업 중 도면상에서 굽힘 부위를 펼친 후 구멍 작업 등을 실행한다. 굽힘 부위를 다시 접을 때 사용하는 명령어는?
① 굽히기
② 햄
③ 접기
④ 절곡

19 가공부의 스텝모터의 이송을 통해 필라멘트가 노즐로 투입되고 용융되어 노즐로 재료가 압출되는 방식은?
① Material Extrusion 방식
② Sheet Lamination 방식
③ Directed Energy Deposition 방식
④ Vat photopolymerization 방식

20 기구개발 계획서에 포함되지 않는 사항은?

① 이송축

② 가공부

③ 물성안전검사 성적서

④ 제작표준부품

정답 및 해설

1. 답: ②
   - R30에서 R은 영문으로 Radius의 약자이며, 한글로는 "반지름"이라고 한다.
   - 그러므로 반지름 30인 반원을 의미한다.

2. 답: ①
   - C30에서 C는 영문으로 Chamfer의 약자이며, 한글로는 "모따기"라고 한다.
   - 그러므로 거리 20만큼을 모따기하라는 의미이다.

3. 답: ①
   - Chamfer(모따기)는 거리와 각도를 각각 작업
                    각각의 다른 두 거리로 작업
                    사각형이 아닌 삼각형으로도 깎는 작업

4. 답: ①
   - 해당 작업에 수량을 의미한다.

5. 답: ④

6. 답: ③

7. 답: ④
   - 외형선: 물체의 보이는 부분의 형상을 나타내는 선
   - 치수선: 물체의 거리를 나타내는 선
   - 치수선: 치수나 지시사항을 기입하기 위해 나타내는 선

8. 답: ①

9. 답: ②

10. 답: ③
 - 배척: 실물보다 크게 그린다.
 - 실척: 실물과 같게 그린다.
 - 스케일: 크기를 나타내기 위해 표시된 선

11. 답: ②
 - 프로토타이핑

12. 답: ④
 - 누구나 외관을 이해할 수 있도록 실물 그대로 보일 수 있도록 재질을 입히는 작업

13. 답: ①
 - 신규 부품 및 표준 부품의 사용에 따라 신뢰성과 품질, 가격에 영향을 준다.

14. 답: ③
 - 제품표준: 제품 향상, 치수, 품질
 - 방법표준: 시험, 분석, 측정, 작업
 - 전달표준: 용어, 기술, 단위, 수열

15. 답: ④
 - NP: 제안단계
   WD: 준비단계
   IS: 발간단계

　　　　PWI: 예비단계
　　　　DIS: 질의단계

16. 답: ③
    - KS표준열람서비스(국가기술표준원)

17. 답: ④
    - 면/평면항목 선택 후 곡면 음각 글씨 생성.

18. 답: ③
    - 판금 기능: 접기 굽힘 부위를 펼친 후 구멍 작업 등을 실행한 후 굽힘부위를 접을 때 사용하는 기능

19. 답: ①
    - Sheet Lamination 방식: 투입된 재료를 잘라내는 방식
      Directed Energy Deposition 방식: 고에너지를 이용한 전자빔 방식
      Vat photopolymerization 방식: 광에너지를 투사하는 방식

20. 답: ③
    - 소재 개발 분류 항목

MEMO

06

구동장치 개발

유형분석
구동장치 개발이란 3D 프린터를 통해 안정적인 조형물 제작과 소재 재사용을 위하여 이송장치, 수평인식장치, 소재 재사용장치를 개발하는 능력이다.

학습포인트

☑ 1.1 개발계획서에서 선정된 조형방식의 3D 프린터 개발에 적합한 이송장치를 검토할 수 있다.
　1.2 이송장치를 개발하기 위하여 각각의 구동부품을 선정하고 부품의 목록을 작성할 수 있다.
　1.3 선정된 부품을 적용하여 이송장치를 설계하고 동작 해석 프로그램을 활용하여 동작 상태를 점검할 수 있다.
　1.4 점검 결과 문제점이 발생할 경우 해결방안을 도출하고 수정할 수 있다.
　1.5 수정된 이송장치 설계도면을 토대로 이송장치 시제품을 제작할 수 있다.

☑ 2.1 조형장치와 조형받침대가 수평을 이루기 위하여 다양한 자동수평인식방식을 검토하고 선정할 수 있다.
　2.2 선정된 자동수평인식방식을 3D 프린터에 적용하기 위하여 거리측정센서를 선별하고 장·단점을 분석할 수 있다.
　2.3 선정된 거리측정센서와 센서구조물이 포함된 자동수평인식장치를 개발할 수 있다.
　2.4 개발된 자동수평인식장치를 테스트용 3D 프린터에 적용하여 정확도, 인식속도 등을 점검하고 규격을 만족할 수 있는지 판단할 수 있다.

☑ 3.1 소재 재사용이 가능한 3D 프린터의 경우 조형 후 잔여 소재를 재사용하기 위하여 소재 재사용 제어방식을 검토할 수 있다.
　3.2 검토된 소재 재사용 제어방식을 3D 프린터에 적용하기 위해 펌프, 집진장치, 필터 등의 핵심부품을 분류하고 장·단점을 분석할 수 있다.
　3.3 분석된 장·단점을 토대로 소재 재사용장치의 효율을 높일 수 있는 부품을 선별할 수 있다.
　3.4 선별된 부품을 활용하여 소재 재사용장치를 개발하고 테스트용 3D 프린터에 적용하여 재사용에 대한 효율성을 점검할 수 있다.

06 구동장치 개발

1 아래 설명하는 Hotend type이 맞는 것은?

> 스테인레스 스틸과 같이 열전도율이 비교적 낮은 금속으로 Barrel을 제작하고 윗부분에 열을 발산하는 히트싱크를 장착해 고온이 유지되는 부분을 최소화하는 구조이다. 방열을 보다 효과적으로 하기 위해 히트싱크에 쿨링팬을 장착하는 경우가 많다.

① Full Metal Hotend
② PEEK Barrel Hotend
③ PTEF Barrel Hotend
④ PEEL Barrel Hotend

2 익스트루더에서 헤드와 공급 장치가 서로 떨어져 있는 구조를 무슨 방식이라고 하는가?

① 콜드엔드 방식
② 플렉시블 방식
③ 직결 방식
④ 보우덴 방식

3 익스트루더에서 필라멘트를 핫엔드에 공급하는 역할을 맡고 있는 공급장치를 무엇이라고 하는가?

① 가이드 베어링
② 콜드엔드
③ 스프링
④ 히트 브레이크

4 액체재료를 사용하는 3D 프린터에서 재료를 경화시키는 요소가 아닌 것은?
   ① 레이저 빔
   ② 자외선
   ③ 가시광선
   ④ 방사선

5 다음 ( )에 들어갈 기술 용어는 무엇인가?

   ( ) 기술은 Vat Photopolymerization 기술로 분류되는 대표적인 3D 프린터 기술이다. 빛에 의해 고체화되는 액상의 광경화수지를 재료로 하며, 경화를 시키기 위한 ( ) 엔진을 내장하고 있다.

   ① DMB
   ② DLP
   ③ FDM
   ④ PLA

6 3D 프린터에서 삼차원 조형물체가 가공되어지는 장소를 어떤 장치라고 하는가?
   ① 빌드장치
   ② 구동장치
   ③ 가열장치
   ④ 제어장치

7 하이브리드형 3D 프린터는 3D 프린팅 모듈과 어떤 매카니즘의 결합으로 구성되어 있는가?
   ① 절삭가공
   ② 잉크 분사
   ③ 마이크로스위치
   ④ 아두이노

06 구동장치 개발

8 아래 그림은 3D 프린터의 어떤 방식에 대한 것인가?

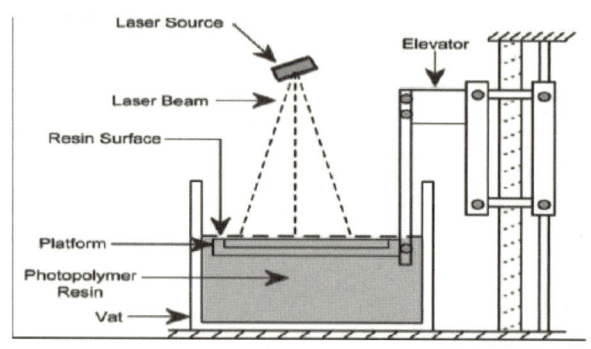

① SLA 방식
② DLP 방식
③ FDM 방식
④ 잉크젯 방식

9 모터와 축을 연결한 부품을 무엇이라고 하는가?
① 커플러
② 텐션 스프링
③ 리드 스크류
④ 벨트

10 다음 중 빌드 장치의 요소로 옳지 않은 것은?
① Z min endstop
② 빌드플레이트
③ 가열장치
④ 레벨 조정용 스프링

11 스텝각이 0.75°인 5상 스테핑 모터에 100펄스가 입력되면 회전 각도는 무엇인가?

① 50°
② 20°
③ 7.2°
④ 72°

12 다음은 노즐설계 시 고려해야 할 사항 중 거리가 먼 것은?

① 노즐의 직경
② 노즐 가공 재료
③ 노즐팁의 길이
④ 노즐헤드 크기

13 정교하게 가공된 직선형 레일을 접촉점이 한 점으로 된 볼이 구르면서 블록을 직선으로 이송시키는 다음 그림과 같은 장치를 무엇이라고 하는가?

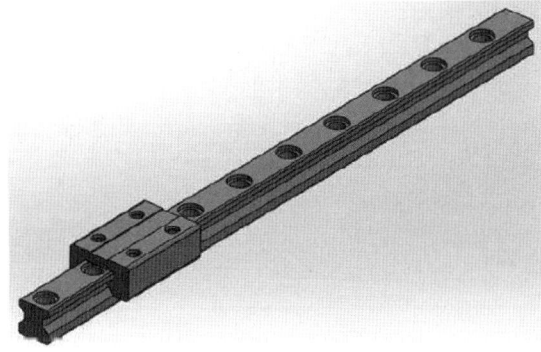

① LM가이드
② 타이밍벨트
③ 커플링
④ 서포터

06 구동장치 개발

14 타이밍벨트를 설계하기 위한 조건이 아닌 것은?

① 구동모터 마력
② 구동부의 RPM
③ 베어링의 종류
④ 축간거리

15 스텝각이 0.72°인 5상 스테핑 모터에 입력펄스 속도가 2000[Hz] 일 때 모터의 회전 속도는 얼마인가?

① 240[rpm]
② 2400[rpm]
③ 400[rpm]
④ 144[rpm]

16 베드의 오토 레벨링 센서로 전도체에 자기장이 걸리게 되면 전압의 변화가 발생하는 효과를 이용하는 센서는?

① 마이크로스위치
② 유도성근접센서
③ 홀센서
④ 비전센서

17 3D 프린터에서 스풀이 잘 돌아가지 않으면 필라멘트 공급에 문제가 생길 수 있어 안정적인 재료 공급을 위해 설치하는 것은?

① 챔버
② 필라멘트 청소필터
③ 스풀헤드
④ 스풀홀더

18 다음 중 3D 프린터에서 구동장치로 활용되는 부품이 아닌 것은?

① TM볼트
② LM가이드
③ 타이밍벨트
④ 바퀴

19 3D 프린터에서 삼차원 조형물체를 가공하기 위해 움직이는 부품은 어떤 장치인가?

① 빌드장치
② 구동장치
③ 가열장치
④ 제어장치

20 다음 중 동력 전달 목적으로 사용되어지는 부품이 아닌 것은?

① 샤프트
② TM볼트
③ 타이밍벨트
④ 전산볼트

정답 및 해설

1. 답: ②
   - 고온에서도 단단한 플라스틱인 PEEK로 barrel 자체를 제작한 Hotend

2. 답: ④
   - 노즐부위가 모터와 분리되어 가볍고, 출력속도가 빠르며, 진동이 적다.

3. 답: ②

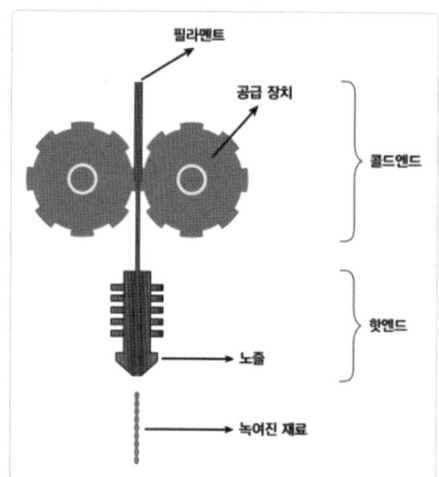

4. 답: ②
   - 3D 프린팅 광원: 레이저 빔, 가시광선, 방사선 방식

5. 답: ②
   - Vat Photopolymerization
     DLP(Digital Light Processing): 액상 광경화성 수지를 이용하여 조형하는 방식

6. 답: ①
   - 빌드장치: 3차원 형상을 제작하는 공정단계의 조형물 받침대 영역(측정범위)

7. 답: ①
   - 절삭가공(CNC) + 하이브리드

8. 답: ①
   - SLA: 광경화 조형방식

9. 답: ①
   모터 + 커플러(커플링) + 축(샤프트)

10. 답: ①
    - Z min endstop: 구간 장치제어 부품

11. 답: ④
    - 0.72 * 100 = 72°
    - 2상 모터: 1회전 당 200번의 스텝(스텝 당 1.8도)
    - 5상 모터: 1회전 당 500번의 스텝(스텝 당 0.72도)

12. 답: ②
    - 노즐의 크기, 직경, 길이

13. 답: ①
    - LM가이드

14. 답: ③
    - 종동측 설비의 유형 및 출력값(Torque) 확인.
      구동측 rpm.
      종동측 rpm.
      축간거리
      일일가동시간, 사용환경

15. 답: ②
    모터회전속도 = 스텝각 / 360° * 펄스속도 * 60

16. 답: ③
    - 전류가 흐르는 도체에 자기장을 걸어주면 전류와 자기장에 수직 방향으로 전압이 발생하는 홀 효과를 이용하는 방식

17. 답: ②

18. 답: ①
    - TM볼트(리드스크류)
    - LM가이드(이송을 위한 구동장치)
    - 타이밍벨트(모터의 회전운동을 직선운동으로 바꾼다.)

19. 답: ①

20. 답: ①

MEMO

07

제어프로그램 개발

유형분석

3D 프린터의 성능을 구현하기 위하여 제어프로그램 개발 계획을 수립하고, 프로그램을 개발하며, 성능을 검증할 수 있다.

학습포인트

☑ 개발계획서에서 결정된 3D 프린터의 성능을 구현하기 위하여 제어프로그램을 통해 구동할 3D 프린터의 하드웨어 구성요소를 선정할 수 있다.

☑ 선정된 구성요소의 기능을 구현하기 위하여 제어프로그램의 개발도구 및 운영체제와 같은 개발환경을 구축할 수 있다.

☑ 구축된 개발환경에서 구성요소를 구현하기 위한 제어프로그램 개발계획을 수립할 수 있다.

☑ 제어프로그램 개발계획에 따라 3D 프린터를 제어하기 위하여 각각의 구성요소에 대한 입력 및 출력 신호를 파악하고 제어알고리즘을 구성할 수 있다.

☑ 시터페이스, 온도제어, 모터제어, 센서의 입력 등의 구성요소에 대한 제어프로그램과 필요한 라이브러리를 구현할 수 있다.

☑ 구현된 각각의 라이브러리와 장치드라이버를 하나의 시스템으로 통합함으로써 제어프로그램을 개발할 수 있다.

07 제어프로그램 개발

1 자동제어의 장점이 아닌 것은 무엇인가?
① 제품의 생산속도를 증가시킬 수 있다.
② 노동력이 줄어 인건비가 절감될 수 있다.
③ 작업자의 노동력을 자동화함으로 노동 조건이 향상된다.
④ 생산설비에 일정한 힘을 가하므로 수명이 짧아진다.

2 되먹임제어(feedback control)의 장점이 아닌 것은 무엇인가?
① 제어계가 복잡해질 수 있다.
② 외부 조건의 변화에 영향을 줄일 수 있다.
③ 제어기 부품들의 성능이 다소 떨어지더라도 큰 영향을 받지 않는다.
④ 목표값에 정확히 도달할 수 있다.

3 시퀀스제어에 관한 설명 중 맞는 것은?
① 목표값과 제어량값을 연속적으로 비교 일치
② 평상시에는 Close되어 있는 접점
③ 외란을 검출하고 영향의 정도를 예측
④ 조합논리회로도 사용된다.

4 제어신호의 흐름도가 가장 적합하게 신호처리 과정을 나타낸 것은?
① 입력부-제어부-제어신호 변환기-출력부
② 제어부-입력부-출력부-제어신호 변환기
③ 입력부-제어신호 변환기-제어부-출력부
④ 제어부-입력부-제어신호 변환기-출력부

5 시퀀스제어 중 판단기구에만 의해 제어를 행하는 것은?

① 조건제어
② 프로그램제어
③ 순서제어
④ 시한제어

6 제어장치의 구성에 대한 설명으로 잘못된 것은 무엇인가?

① 순서 레지스터: 기억장치의 어드레스 수를 지정
② 저장 레지스터: 데이터를 기록 저장
③ 어드레스 레지스터: 기억되는 데이터의 어드레스 수를 지정
④ 명령 레지스터: 동작을 실행

7 서브모터의 힘 제어는 무슨 원리에서 알 수 있는가?

① 플레밍의 왼손 법칙
② 파스칼의 법칙
③ 베르누이의 정리
④ 뉴턴의 운동 법칙

8 I/O버스 중에서 양방향성인 것은?

① data bus
② address bus
③ control bus
④ data와 address bus

9 아두이노 보드에서 처리할 수 있는 영문, 숫자, 기호의 개수는?
① 64
② 128
③ 256
④ 512

10 3D 프린터의 제어부로 사용하는 아두이노 Mega 2560 마이크로컨트롤러에 포함되지 않은 부분은?
① LCD부
② 전원부
③ 통신부
④ 입출력 ports

11 프로그래밍 언어의 계층구조에서 가장 하위 레벨은 하드웨어이고 그 위의 레벨이 하드웨어가 이해하는 기계어이다. 다음 중 상위 레벨언어(예 : C++)를 기계어로 변환하는 것은?
① 컴파일러
② 어셈블러
③ 모델러
④ 레지스터

12 3D 프린터에서 사용하는 스탭모터에 대한 설명이 아닌 것은?
① 펄스에 의해 동작한다.
② 서브모터보다 토오크가 작다.
③ 폐쇄형 루프 제어 방식에 이용한다.
④ 탈조현상이 발생할 수 있다.

13 3D 프린터의 구동방식은 멘델형(직교좌표형)과 델타형으로 구분할 수 있다. 기본 델타형 3D 프린터의 제어보드가 구동해야 할 모터의 수는?

① 3
② 4
③ 5
④ 6

14 3D 프린팅을 하기 위한 제품을 설계하는 프로그램은 무엇인가?

① CAD
② CAM
③ CAE
④ CNC

15 CNC프로그램에서 보조프로그램을 호출하는 보조기능은?

① M08
② M09
③ M98
④ M99

16 프린팅을 시작할 때 노즐을 원점에 위치시키는 코드는 무엇인가?

① G00
② G28
③ G52
④ G93

07 제어프로그램 개발

17 다음 중 펌웨어의 주 개발 기반으로 사용된 시스템 언어는?
① Java
② C/C++
③ Basic
④ FORTRAN

18 미국 벨 연구소에 의해 만들어진 언어로 유닉스의 대부분을 차지하고 있으며, 기계어의 특성을 가진 사용자 위주의 언어는 무엇인가?
① ASSEMBLY
② COBOL
③ C language
④ Visual Basic

19 다음 3D 프린터 펌웨어 Configuration 설정 항목 중 헤더의 온도가 너무 낮아서 원료가 녹지 않으면 원료를 밀어내는 스텝모터에 무리가 가게 되므로 스텝모터의 전류를 차단한다. 이때 일반적으로 최소 온도를 설정하는 항목은?
① #define TEMP_SENSOR_0 1
② #define HEATER_0_MINTEMP 5
③ #define EXTRUDE_MINTEMP 170
④ #define HEATER_0_MAXTEMP 275

20 3D 프린터의 펌웨어 종류인 Marllin에서 Baudrate을 250,000으로 지정하였다. 이때 Baudrate는 무엇을 뜻하는가?

① USB 메모리 크기
② EEPROM 저장 속도
③ 프린터의 동작 속도
④ 프린터와 컴퓨터간의 통신 속도

정답 및 해설

1. 답: ④
   - 배선이 용이하다.
   - 신호 전달 지연이 없다.
   - 복잡한 신호 전달 방식에 용이하다.
   - 조작 속도가 빠르다.

2. 답: ①
   - 시스템을 설계하는데 복잡하지 않다.
   - 제어계가 안정적이다.
   - 단가를 낮출 수 있다.

3. 답: ④
   - 시퀀스 제어
   - 미리 정해진 순서에 의해 제어의 각 단계를 순차적으로 진행시키는 제어 방법

4. 답: ③
   입력부-제어신호 변환기-제어부-출력부

5. 답: ①
   - 조건 제어는 입력 조건에 상응된 여러 가지 패턴 제어를 실행하는 것
   - 각종 위험 방지 조건이나 불량품 처리 제어, 빌딩이나 아파트의 엘리베이터 제어 등에 주로 적용

6. 답: ④
   - 명령 레지스터: 현재 실행중인 명령어를 저장한다.
   - 주소 레지스터: 메모리 주소를 저장하여 메모리 접근에 사용되는 레지스터

7. 답: ①

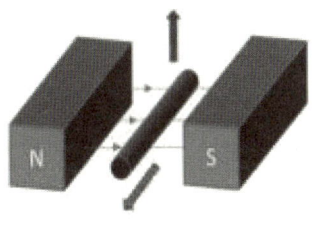 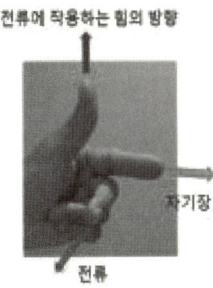

8. 답: ①
   - 입출력 기기에 데이터를 송출하거나 반대로 메모리나 입출력 기기에서 데이터를 읽어 들일 때 필요한 전송로

9. 답: ③
   - Arduino Mega 2560의 플래시메모리 크기는 256K이다

10. 답: ①
LCD부: 쉴드 기능을 가진 Ramps 1.4 보드에 컨넥트

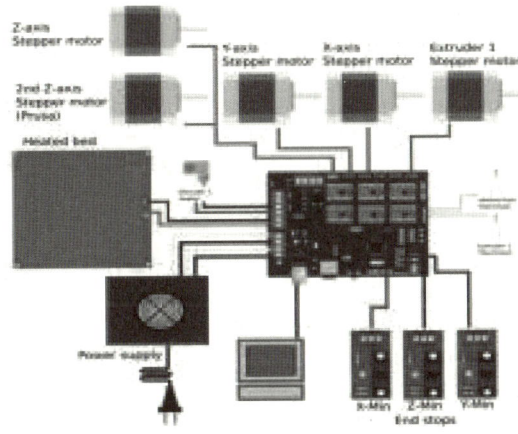

11. 답: ①
    - 컴파일러: 컴퓨터에서 즉시 실행될 수 있는 형태의 목적 프로그램으로 바꾸어 주는 번역 프로그램

12. 답: ②
    - 회전각이 입력펄스에 비례
    - 스텝모터의 입력이 오픈 루프 방식.
    - 탈조현상 발생
    - 서브모터보다 토오크가 크다.

13. 답: ②
    - X축, Y축, Z축, E축

14. 답: ①
    - CAD: 설계
    - CAM: 가공
    - CAE: 해석툴
    - CNC: 컴퓨터를 내장한 기계 NC프로그램을 이용하여 형상물을 가공하는 것

15. 답: ③
    - M08: 절삭유 공급
    - M09: 절삭유 공급 정지
    - M98: 보조프로그램 호출
    - M99: 보조프로그램의 끝

16. 답: ②
    - G00: 급속위치 결정
    - G52: 좌표계 설정
    - G28: 원점 복귀
    - G90: 절대값 명령

17. 답: ②
 - 응용프로그래머 - C/C++/C# [C언어 기술 위주]
   시스템프로그래머 - C / C++ / C# / Linux Server / Python

18. 답: ③
 - C언어는 미국의 벨 연구소에서 프로젝트의 결과물로 추가되어 만들어진 언어
 - C언어의 유래는 1967년 Martin Richard에 의해서 개발

19. 답: ②
 - #define HEATER_0_MINTEMP 5

20. 답: ④
 - 프린터와 컴퓨터 간의 통신 속도

08

응용소프트웨어 개발

유형분석
응용프로그램 개발이란 3D 프린터의 성능을 구현하기 위하여 프로그램 호환성을 검토하고 사용자인터페이스프로그램을 개발하며 CAM 시뮬레이션을 수행하는 능력이다.

학습포인트

- ☑ 개발하고자 하는 3D 프린터에서 요구하는 파일 포맷의 호환성을 위하여 활용할 수 있는 다양한 프로그램을 선정할 수 있다.

- ☑ 3D 프린터를 구동하기 위해 공통적으로 활용되는 G코드와 M코드의 호환성을 검토하고 최적의 프로그램을 선정할 수 있다.

- ☑ 선정된 프로그램을 활용하여 테스트용 3D 프린터를 구동시키고 프로그램의 적용여부를 결정할 수 있다.

- ☑ 3D 프린터의 사용자인터페이스 규격을 결정하기 위하여 3D 프린터의 소재, 기능, 성능 및 작동방법을 구현하기 위한 버튼 및 디스플레이에 대한 항목을 유관부서와 협의할 수 있다.

- ☑ 협의된 내용에 따라 3D 프린터 응용프로그램의 사용자인터페이스 디자인을 진행할 수 있다.

- ☑ 개발하고자 하는 3D 프린터의 G코드와 M코드를 검증하기 위한 CAM 시뮬레이터를 개발할 수 있다.

- ☑ CAM 시뮬레이터를 활용하여 개발된 3D 프린터를 통해 출력되는 과정과 노즐의 이동경로를 검토하여 이상 여부를 판단할 수 있다.

- ☑ 이상 여부가 발견되었을 경우 원인을 분석하고 각 개발 단계별로 피드백하여 문제점을 개선할 수 있다.

1 Marlin Firmware에 관한 설명 중 옳은 것은?

① Marlin Firmware는 Java language로 코딩되어있다.

② Marlin Firmware는 오픈소스의 시초이다.

③ Marlin Firmware는 아두이노 플랫폼에서 구동 가능하다.

④ Marlin Firmware는 Cartesian 방식밖에 없다.

2 Marlin Firmware에 대한 설명 중 틀린 것은?

① 모터의 종류를 바꿀 수 있다.

② 보드의 종류를 바꿀 수 있다.

③ LCD의 종류를 바꿀 수 있다.

④ 가변저항 스위치의 방향을 바꿀 수 있다.

3 Marlin Firmware에서 통신을 위해 사용되는 주파수 명칭은?

① Hz

② Baudrate

③ Mhz

④ fm

4 Marlin Firmware에서 호환될 수 있는 보드 종류가 아닌 것은?

① Remps 1.4

② Zen 1.0

③ Sanguinololu

④ atmega

5 Marlin Firmware에서 델타 방식에만 해당되는 수정사항이 아닌 것은?

① DIAGONAL_ROD

② STEPPER_UNIT

③ SMOOTH_ROD_OFFSET

④ CARRIAGE-OFFSET

6 Marlin Firmware에서 수정할 수 없는 것은?

① LCD화면의 이름을 수정할 수 있다.

② 모터의 방향을 수정할 수 있다.

③ EndStop 스위치의 방향을 수정할 수 있다.

④ SMPS의 종류를 수정할 수 있다.

7 Marlin Firmware에 관한 내용이 아닌 것은?

① 스텝퍼모터의 방향을 바꾸는 방법은 TRUE를 FALSE로 바꾸거나 FALSE를 TRUE로 바꾸면 된다.

② ENDSTOP 스위치의 방향을 바꾸는 방법은 TRUE를 FALSE로 바꾸거나 FALSE를 TRUE로 바꾸면 된다.

③ Extruder이 사용여부를 결정하는 방법은 1을 0으로 바꾸거나 0을 1로 바꾸면 된다.

④ LCD의 사용여부를 결정하는 방법은 1을 0으로 바꾸거나 0을 1로 바꾸면 된다.

8 Marlin Firmware에 관한 내용이 아닌 것은?

① Extruder의 개수를 결정할 수 있다.

② Bed Heater의 개수를 결정할 수 있다.

③ Nozzle Thermistor의 개수를 결정할 수 있다.

④ Build Size를 결정할 수 있다.

08 응용소프트웨어 개발

9 Marlin Firmware에서 PID값이 의미하는 것이 아닌 것은?
① 비례식
② 삼각함수
③ 적분
④ 미분

10 Marlin Firmware에서 PID값 중 P에 해당하는 수식은?
① 비례식
② 삼각함수
③ 적분
④ 미분

11 Marlin Firmware에서 PID 수정을 통해서 할 수 있는 일은?
① 스텝퍼모터의 회전 수를 조정할 수 있다.
② 3D 프린터의 출력 사이즈를 조절할 수 있다.
③ 노즐온도의 최대치를 제한할 수 있다.
④ 노즐과 베드 온도를 안정적으로 유지시켜 준다.

12 정상적으로 출력되던 프린터를 겨울에 야외에서 출력하려고 한다. 그런데 작동을 하지 않는다. 베드히터는 없는 프린터이다. Firmware에서 어느 부분 때문인가?
① Thermistor의 사용여부를 수정해주면 된다.
② PID값을 수정해주면 된다.
③ Thermistor의 min을 수정해주면 된다.
④ 베드히터를 사용하게 수정하면 된다.

13 출력물의 레이가 텅텅 비어 출력이 되고 있다. 필라멘트의 양이 부족한 것 같다. Marlin Firmare에서 수정해야 될 부분은?

① Extruder Stepper_unit값을 수정한다.

② Nozzle thermistor의 Max값을 수정한다.

③ Stepper의 true를 false로 또는 false를 true로 바꾼다.

④ Nozzle thermistor의 Min값을 수정한다.

14 3D 프린터가 홈을 찍고 베드판 밖에서 출력을 시작한다. 출력물의 사이즈는 정상적이다. Marlin Firmare에서 수정해야 될 부분은?

① Stepper_unit에 x, y, z값을 수정한다.

② x, y의 offset값을 수정한다.

③ 빌드사이즈를 수정한다.

④ Bed Heater를 사용한다고 수정한다.

15 3D 프린터로 가로 31, 세로 19, 높이 40의 육면체를 출력했다. 하지만 가로 35, 세로 15, 높이 39에 해당하는 육면체가 출력되었다. Marlin Firmware에서 수정해야 될 부분은?

① Stepper_unit_x값을 수정한다.

② Stepper_unit_y값을 수정한다.

③ Stepper_unit_z값을 수정한다.

④ Delt 방식도 위와 같이 x, y, z값을 각각 수정하지 않고, 같은 값을 입력한다.

08 응용소프트웨어 개발

16 Marlin Firmware에서 문제를 해결할 수 없는 것은?
① 출력물의 사이즈가 다르다.
② 온도가 안정적으로 유지되지 않는다.
③ 출력 중 스텝퍼 모터의 온도가 높다.
④ 베드온도의 최대치를 정한다.

17 Marlin Firmware에서 Stepper Motor에 관한 내용 중 틀린 것은?
① Stepper Motor의 초당속도를 설정할 수 있다.
② Stepper Motor의 처음속도를 설정할 수 있다.
③ Stepper Motor의 Retraction 순간속도를 설정할 수 있다.
④ Stepper Motor의 x, y, z축의 출력속도를 각각 설정할 수 있다.

18 Marlin Firmware에서 보드 종류를 변경할 수 있게 해주는 변수 이름은?
① MOTHERBOARD
② RAMPS
③ RAMBO
④ CUSTOMBOARD

19 Marlin Firmware에서 온도센서 셋팅에 관한 내용이 아닌 것은?
① Thermistor의 종류를 설정할 수 있다.
② Thermistor의 개수를 설정할 수 있다.
③ Thermistor의 최대온도를 설정할 수 있다.
④ Thermistor의 최저온도를 설정할 수 있다.

20 온도센서를 PID값을 조정하던 중 에러가 발생하는 이유는 무엇인가?

① PID_INTEGRAL_DRIVE_MAX값을 수정하면 된다.

② PID_MAX값을 수정하면 된다.

③ PID_FUNTIONAL_RANGE값을 수정하면 된다.

④ BANG_MAX값을 수정하면 된다.

21 Marlin Firmware에서 Auto_Bed_Leveling에 관한 내용이 아닌 것은?

① 오토레벨링 시 사용되는 프로브의 움직임은 3가지가 있다.

② 프로브의 움직이는 좌표를 지정할 수 있다.

③ Extruder와의 간격을 조정할 수 있다.

④ Delta 방식, Cartesian 방식에서 모두 사용 가능하다.

22 Marlin Firmware Auto_Bed_Leveling을 수정할 때, 첫 번째 레벨링 지점으로 움직이기 전 익스투르더를 얼마나 높이 올릴 것인지를 결정할 때 수정해야 하는 것은?

① Z_RAISE_BEFORE_HOMING

② XY_TRAVEL_SPEED

③ Z_RAISE_BETWEEN_PROBINGS

④ Z_RAISE_BEFORE_PROBING

23 HOMING ALL을 눌렀을 때 PROBE기 베드 밖으로 벗어났다. 펌웨어에서 수정해야 할 부분은?

① Z_SAFE_HOMING

② Z_RAISE_BETWEEN_PROBINGS

③ Z_RAISE_BEFORE_HOMING

④ Z_PROBE_OFFSET_FROM_EXTRUDER

08 응용소프트웨어 개발

24 CARTESIAN 방식의 프린터로 출력을 할 때 출력물의 Z축 크기가 틀려졌다. Marlin Firmware에서 수정해야 할 부분은?
① DEFAULT_MAX_FEEDRATE
② DEFAULT_AXIS_STEPS_PER_UNIT
③ DEFAULT_MAX_ACCELERATION
④ DEFAULT_RETRACT_ACCELERATION

25 이번에 가지고 있던 3D 프린터의 LCD를 REPRAP_DISCOUNT_FULL_GRAPHIC_SMART_CONTROLLER로 업그레이드 하려고 한다. 수정해야 할 사항은?
① MOTHERBOARD
② CUSTOM_MENDEL_NAME
③ LCD and SD support
④ 해당기기의 주석을 풀어준다.

26 HOMING ALL를 눌렀을 때 X축 모터가 반대로 돌고 있다. Marlin Firmware에서 수정해야 할 부분은?
① X_MIN_ENDSTOP_INVERTING = true;
② X_MAX_ENDSTOP_INVERTING = true;
③ INVERT_X_DIR false
④ X_HOME_DIR -1

27 디스플레이에서 축 이동을 시도하려고 했다. 그러나 움직이지 않았다. Marlin Firmware에서 수정해야 할 부분은?

① min_software_endstops ture
② X_MAX_POS 180
③ Y_MAX_POS 180
④ Z_MAX_POS 200

28 MANUAL_Z_HOME_POS가 의미하는 것은 무엇인가?

① 원점으로 진행 후 노즈과 베드 사이의 간격을 의미한다.
② 출력 최대 높이를 의미한다.
③ 출력 시 베드와의 OFFSET값을 의미한다.
④ Z축 앤드스탑의 위치를 의미한다.

29 X_MAX_LENGTH (X_MAX_POS – X_MIN_POS)가 의미하는 것은 무엇인가?

① X축 출력범위를 의미한다.
② X축 출력속도를 의미한다.
③ X축 출력가속도를 의미한다.
④ X축 프로브 포인터 범위를 의미한다.

30 오토레벨링시 프로브가 움직이는 속도가 너무 느려서 레벨링 시간이 길어지고 있다. Marlin Firmware에서 수정해야 할 부분은?

① Z_RAISE_BEFORE_PROBING
② Z_RAISE_BETWEEN_PROBINGS
③ XY_TRAVEL_SPEED
④ PROBE_SERVO_DEACTIVATION_DELAY

08 응용소프트웨어 개발

31 이번에 3D 프린터 보드를 Gen7 1.1으로 교체하려 한다. Marlin Firmware에서 수정해야 할 부분은?

```
// 10 = Gen7 custom (Alfons3 Version) "https://github.com/Alfons3/Generation_7_Electronics"
// 11 = Gen7 v1.1, v1.2 = 11
// 12 = Gen7 v1.3
// 13 = Gen7 v1.4
// 2  = Cheaptronic v1.0
// 20 = Sethi 3D_1
// 3  = MEGA/RAMPS up to 1.2 = 3
// 33 = RAMPS 1.3 / 1.4 (Power outputs: Extruder, Fan, Bed)
// 34 = RAMPS 1.3 / 1.4 (Power outputs: Extruder0, Extruder1, Bed)
// 35 = RAMPS 1.3 / 1.4 (Power outputs: Extruder, Fan, Fan)
// 4  = Duemilanove w/ ATMega328P pin assignment
```

① MOTHERBOARD 33
② EXTRUDERS
③ CUSTOM_MENDEL_NAME
④ PIDTEMPBED

32 이번에 프린터를 2노즐로 업그레이드 하려 한다. Marlin Firmware에서 수정해야 할 부분이 아닌 것은?

① EXTRUDERS 1
② TEMP_SENSOR_1 0
③ DEFAULT_AXIS_STEPS_PER_UNIT   {80,80,400,90}
④ HEATER_1_MAXTEMP 150

MEMO

정답 및 해설

1. 답: ③
   ① Marlin Firmware는 c언어로 구성되어 있다.
   ② 오픈소스의 시초는 Sprinter이다.
   ④ Delta용 Marline Firmware도 제공된다.

2. 답: ①
   모터의 종류는 바꿀 수 없다.

3. 답: ②
   - 전송속도

4. 답: ④
   Atmega는 보드의 종류가 아닌 플랫폼 종류이다.

5. 답: ②
   - STEPPER_UNIT값 조정은 Cartesian 방식에서도 사용된다.

6. 답: ④

7. 답: ④
   - LCD의 사용여부는 //를 제거하거나 삽입하면 된다.

8. 답: ③
   Bed Heater의 개수는 결정할 수 없다. 사용여부만을 결정할 수 있다.

9. 답: ②

10. 답: ①
   - P는 비례식 영어표현인 proportion의 앞글자이다.

11. 답: ④

12. 답: ③
   - 겨울 야외에서 출력하려는데 실패하는 것은 Thermistor의 min을 수정하면 된다.
     보통 min은 5도로 설정되어 있다.

13. 답: ①
   - filament의 양의 문제이다. 따라서 Extruder Stepper_unit값을 수정한다.

14. 답: ②

15. 답: ④
   - Delta 방식은 x, y, z값을 각각 수정하지 않고 같은 수치를 입력한다.

16. 답: ③
   - 스텝퍼모터가 출력 중 온도가 높은 것은 전류에 해당되기에 Firmware에서 문제를 해결할
     수 없다.

17. 답: ④
   - 각각 출력속도를 조절할 수는 없다.

18. 답: ①
   - 보드종류를 설정하는 변수명은 MOTHERBOARD이다

19. 답: ②
   - 인위적으로 개수를 설정할 수 있는 것은 아니다. 다만 Firmware상에 주어진 온도센서를 사용여부만을 설정할 수 있다.

20. 답: ③
   - PID를 조정하는 범위를 초과했기 때문에 생기는 에러이다.

21. 답: ①
   - 프로브의 움직임은 2포인트 방식, 그리드 방식 두 가지가 있다.

22. 답: ④

23. 답: ①

24. 답: ②

25. 답: ④

26. 답: ③

27. 답: ①
   - min_software_endstops부분을 ture로 설정하면 homin all을 하기 전에는 움직이지 않는다.

28. 답: ①

29. 답: ①

30. 답: ③

31. 답: ①

32. 답: ③
   - 스텝핑모터 값을 조정하는 것이다.

09

품질보증 안전관리

유형분석

시장에서 요구하는 3D 프린터의 품질을 만족시키기 위하여 성능을 개선하고 신뢰성을 검증하며 관련된 규격 인증 취득을 진행할 수 있다.

학습포인트

☑ 1-1. 성능 검증을 위한 검사 항목 선정.

☑ 2-1. 3D 프린터 신뢰성 시험 검사 항목 도출

☑ 3-1. 안전 규격에 대한 시험 규격/시험 방법/인증 절차 파악

    3-2. 시험 규격 및 방법별 안전 규격 항목점검

    3-3. 외부 공인인증기관에 시험 의뢰

    3-4. 성능 확보를 위한 수정 보완 및 인증 진행

☑ 4-1. 안전관리 유지보수

09 품질보증 안전관리

1 다음 중 3D 프린팅 소프트웨어 성능검사를 위한 시험검사 항목 기준과 관련 없는 국제표준은?

① ISO/ASTM 52900
② ISO/ASTM 52915
③ ISO 17296-4
④ ISO 25010

2 신뢰성 시험은 일반적으로 환경 시험, 안전 시험, 노이즈 시험, 기구적 시험 및 특수 시험 등으로 구분된다. 다음 중 환경 시험이 아닌 항목은?

① 내한성
② 열 충격
③ 염수분무
④ 소비전력

3 다음은 3D 프린팅 소재의 유해 위험에 대한 내용이다. 어떤 소재의 유해 위험에 대한 설명인가?

- 유독가스를 제거한 석유 추출물을 이용해 만든 재료이다.
- 열분해시 초미세먼지 및 TVOC(휘발성 유기화합물) 등이 방출되어 호흡기를 통해 폐와 허파의 폐포 중에 침착된다.
- 심폐질환 사망, 천식 호흡기 질환 등 각종 건강위해요소가 발생할 수 있다.

① ABS
② PLA
③ HIPS
④ UV레진

4 신뢰성 시험의 환경 시험 항목 중 온도변화 시험(열 충격)에 대한 시험 적용 규격은?
   ① IEC 60068-2-1
   ② IEC 60068-2-14
   ③ IEC 60068-2-11
   ④ IEC 60068-2-27

5 3D 프린팅 성능검사 항목은 기계적, 화학적, 물리적 시험 평가 항목 등으로 구분될 수 있다. 다음 중 기계적 시험검사 항목이 아닌 것은?
   ① 인장강도
   ② 하중변형온도(HDT)
   ③ 비중
   ④ 굴곡 탄성률

6 보급형 3D 프린터의 경우 KC인증(전기용품 안전인증 및 전자파)을 받아야 합니다. KC인증 중 전기용품 안전인증 관련 제도가 아닌 것은?
   ① 안전인증제도
   ② 안전확인제도
   ③ 공급자적합성확인제도
   ④ 수요자적합성확인제도

7 3D 프린터 작업 사고 발생을 대비하는 방법 중 거리가 먼 것은 어느 것인가?
   ① 비상연락망 구축
   ② 정밀 측정 공구의 정밀도 유지관리
   ③ 비상 행동요령 게시
   ④ 방호장치 확인

09 품질보증 안전관리

8 전기불꽃이나 과열에 대비하여 회로 특성상 폭발의 위험을 방지할 수 있는 방폭 구조는 어느 것인가?
① 내압 방폭 구조
② 유입 방폭 구조
③ 안전증 방폭 구조
④ 압력 방폭 구조

9 3D 프린팅 유지관리 중 가장 보편적으로 사용하는 보정(Calibration)방법은?
① 적분 상수 보정법에 의한 보정
② 비례 상수 보정법에 의한 보정
③ 미분 상수 보정법에 의한 보정
④ 차분 상수 보정법에 의한 보정

10 다음중 실제 온도가 상승하지 않는 원인이 아닌 것은?
① 히터 단선
② PC와 USB가 연결되었지만 AC 전원이 꺼져있을 때
③ 온도센서 단선
④ 제어보드의 온도제어 부품 고장

11 3D 프린터 유지관리 중 가장 기본이 되는 파라메터로서 적층 높이를 설정하는 변수항목은?
① Basic / Filament / Diameter parameter
② Advanced / Nozzle size
③ Basic / Layer height
④ Basic / Fill / Bottom-Top thickness

12 3D 프린터 성능 개선 사항 중 "필라멘트 토출문제"에 원인으로 부적합한 것은?
① 노즐의 설정온도에 따른 막힘 현상
② 익스트루더 피딩기어 장력 문제
③ 베드의 출력물 수축 현상
④ 슬라이싱 설정값

13 다음 3D 프린터 신뢰성 검사 항목 사항으로 보기 어려운 것은?
① 소재별 출력 형상 제품 상태에 따른 비교·분석
② 작업대 고정 부위에 따른 출력과정 중 진동에 관련된 시험
③ 작업장 환경사항 출력과정 중 습도에 관련된 시험
④ 실내 주위환경 온도로 인한 열시험

14 다음은 3D 프린터 개발 신뢰성 검사 검증을 통한 개선 사항으로 거리가 먼 것은?
① 원형 Chart의 활용
② Pareto Chart의 활용
③ 세로막대 Chart의 활용
④ 방사형 Chart의 활용

15 안전규격 안전 관리 제도 사항으로 틀린 것은?
① 전기용품 안전 인증 제도
② 전기용품 안전 확인 제도
③ 공급자 적합성 확인 제도
④ 사용자 적합성 확인 제도

16 다음 중 안전인증의 연결이 잘못된 것은?

① 대한민국 - 전기용품 안전인증

② 유럽 - 유럽공동체 안전인증

③ 중국 - 안전 품질보증

④ 영국 - 전자인증

MEMO

정답 및 해설

1. 답: ④
   - KPC 정보시스템

2. 답: ④
   - 환경 시험 내용이 아닌 선택조건 측정 항목

3. 답: ②
   - PLA 필라멘트는 옥수수 전분을 이용해 만든 무독성 친환경적
   - 유독가스를 제거한 석유 추출물 재료다

4. 답: ②
   - 소자의 열 충격시험(액조식) IEC 60068-2-14

5. 답: ③

6. 답: ④
   - 전기용품안전관리법에 의거 시행되는 강제인증제도로서, 인증대상 전기용품을 제조, 판매하고자 할 때에는 안전인증을 받아야 제조, 판매할 수 있도록 하는 제도.

7. 답: ②

8. 답: ③

9. 답: ②
   - 가장 보편적으로 사용하는 보정(Calibration)방법은,
     파라메터값 * (목표값) / (측정값) 으로 보정하는 비례상수보정법이다.

10. 답: ③
    - 온도센서가 히팅블록에서 빠지면 실제온도는 상승해도 LCD 표기상 온도가 상승하지 않으며, 온도센서가 단선되면 표시창에는 항상 0도로 표시된다.

11. 답: ③
    - Basic / Filament /Diameter parameter: 필라멘트 직경
      Advanced / Nozzle size: 노즐 구멍 사이즈
      Basic / Layer height: 적층높이
      Basic / Fill / Bottom-Top thickness: 바닥과 상층 두께

12. 답: ③
    - 전자부에 해당되는 개선사항으로 출력물이 성형되는 베드의 히팅 관련 내용.

13. 답: ①
    소재별 특성에 관한 사항으로 표본에 준한 신뢰성 검사항목 사항이 아님.

14. 답: ②
    - 제품을 구성하는 항목별로 분류하여 크기순으로 나열한 그림을 파레토도(Pareto Chart)라 한다.

15. 답: ④

16. 답: ④
    - 미국: 연방정부 전파 인증

10

실기 예상 정리

10 실기 예상 정리

| 종목명 | 3D 프린터개발산업기사 | 과제명 | 모델링 |

『제출모델링 작성 예시』

 * 3D 프린터 모델링 출력 그림파일(척도 NS)

〈 정답도면 〉

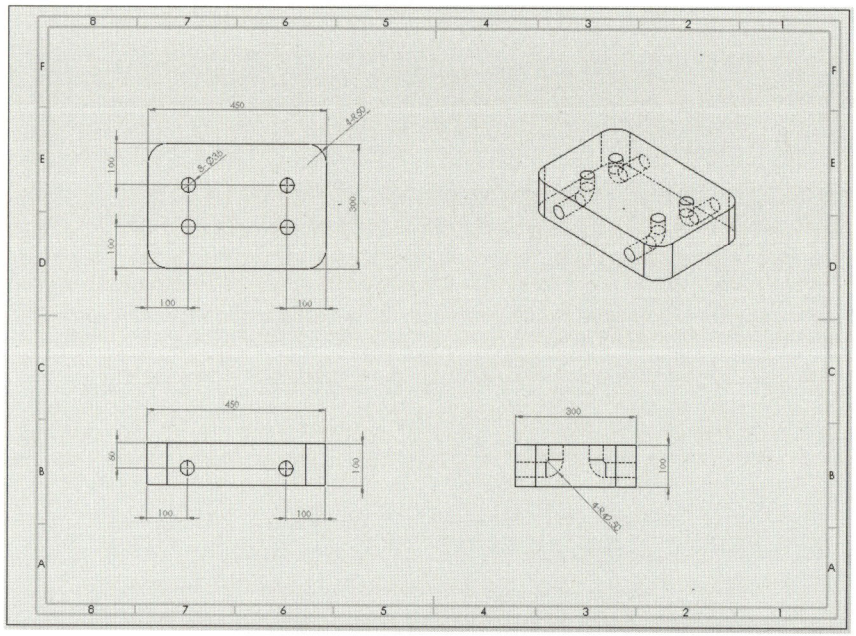

| 종목명 | 3D 프린터개발산업기사 | 과제명 | 3D모델링 | 척도 | NS |

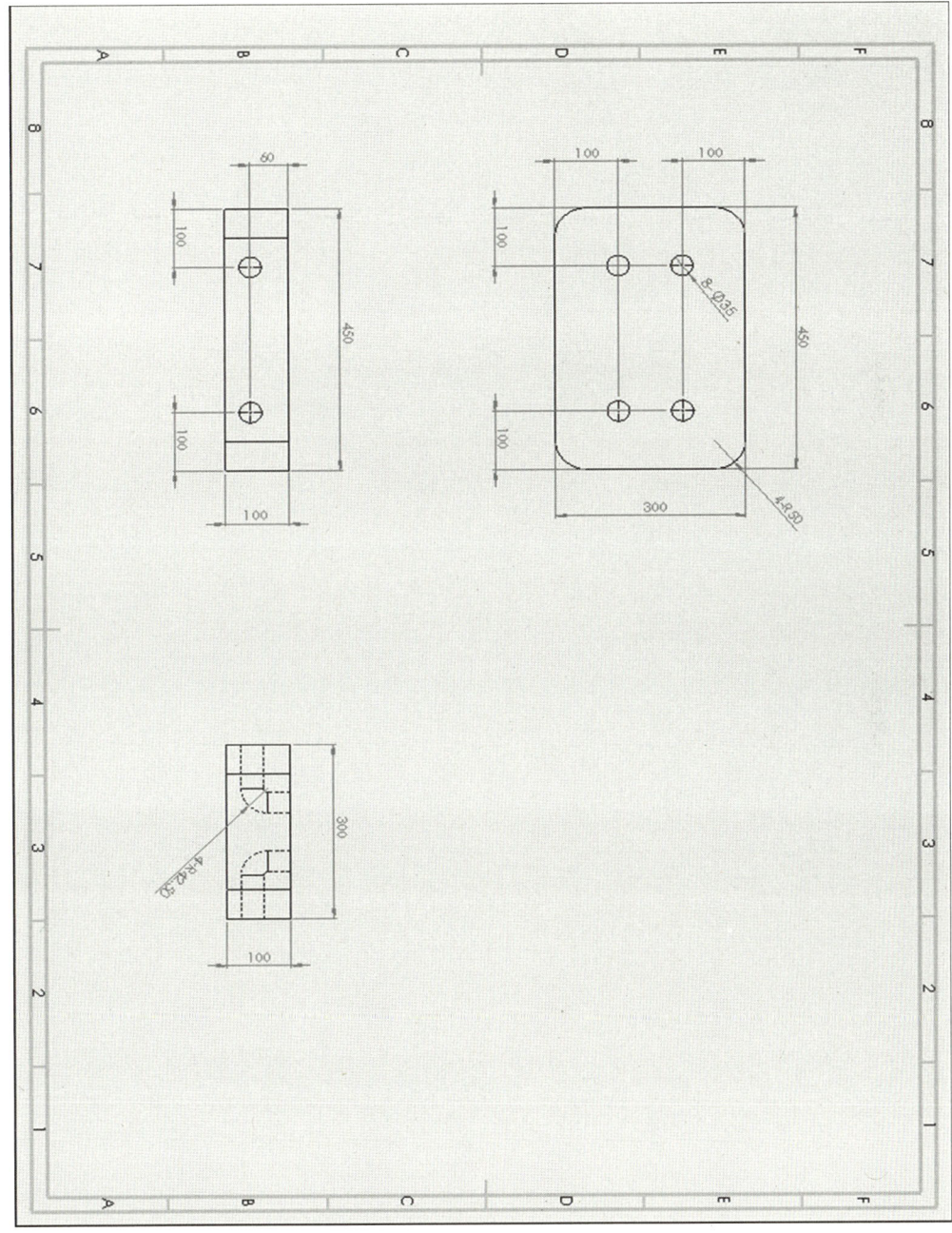

10
실기 예상
정리

10 실기 예상 정리

| 종목명 | 3D 프린터개발산업기사 | 과제명 | 모델링 |

〚 제출모델링 작성 예시 〛

* 3D 프린터 모델링 출력 그림파일(척도 NS)

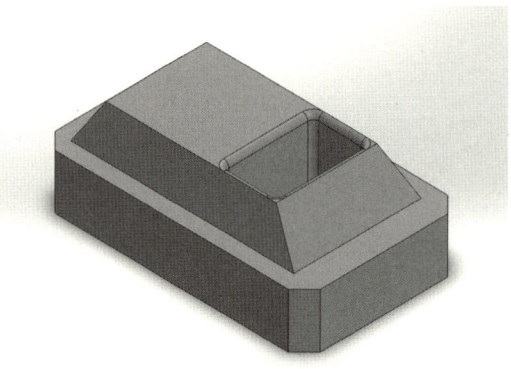

〈 정답도면 〉

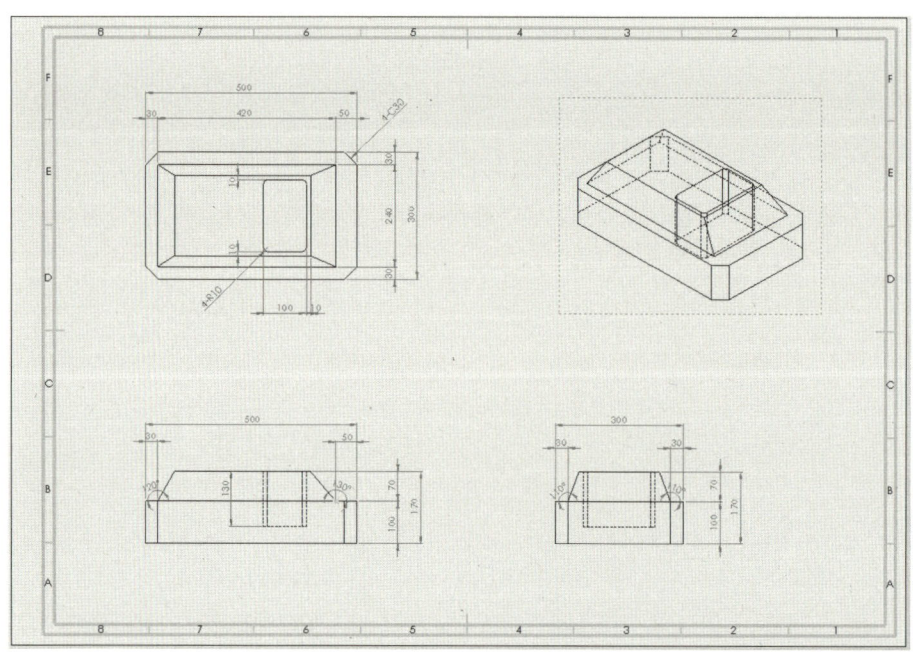

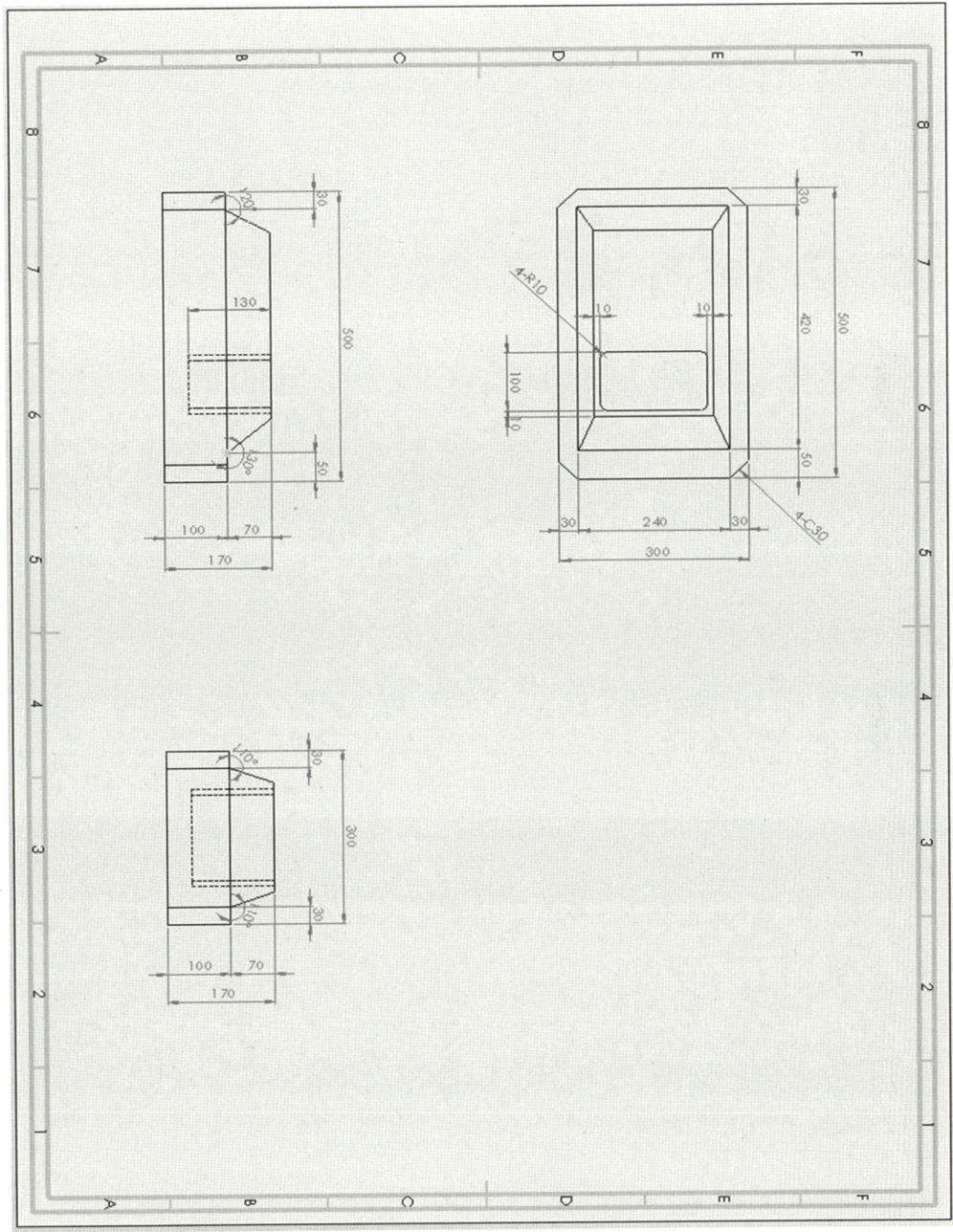

10 실기 예상 정리

| 종목명 | 3D 프린터개발산업기사 | 과제명 | 모델링 |

〖 제출모델링 작성 예시 〗

　　* 3D 프린터 모델링 출력 그림파일(척도 NS)

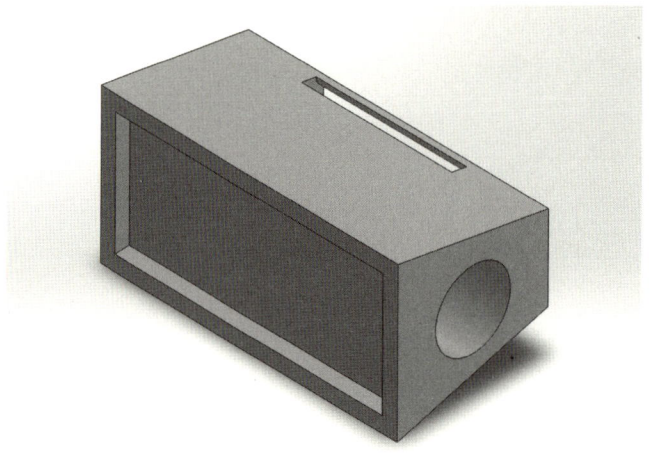

〈 정답도면 〉

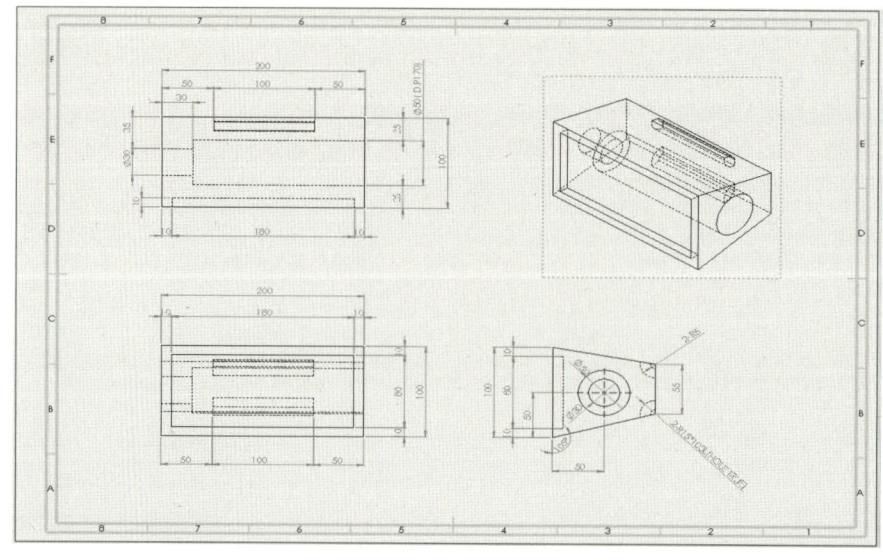

| 종목명 | 3D 프린터개발산업기사 | 과제명 | 3D모델링 | 척도 | NS |

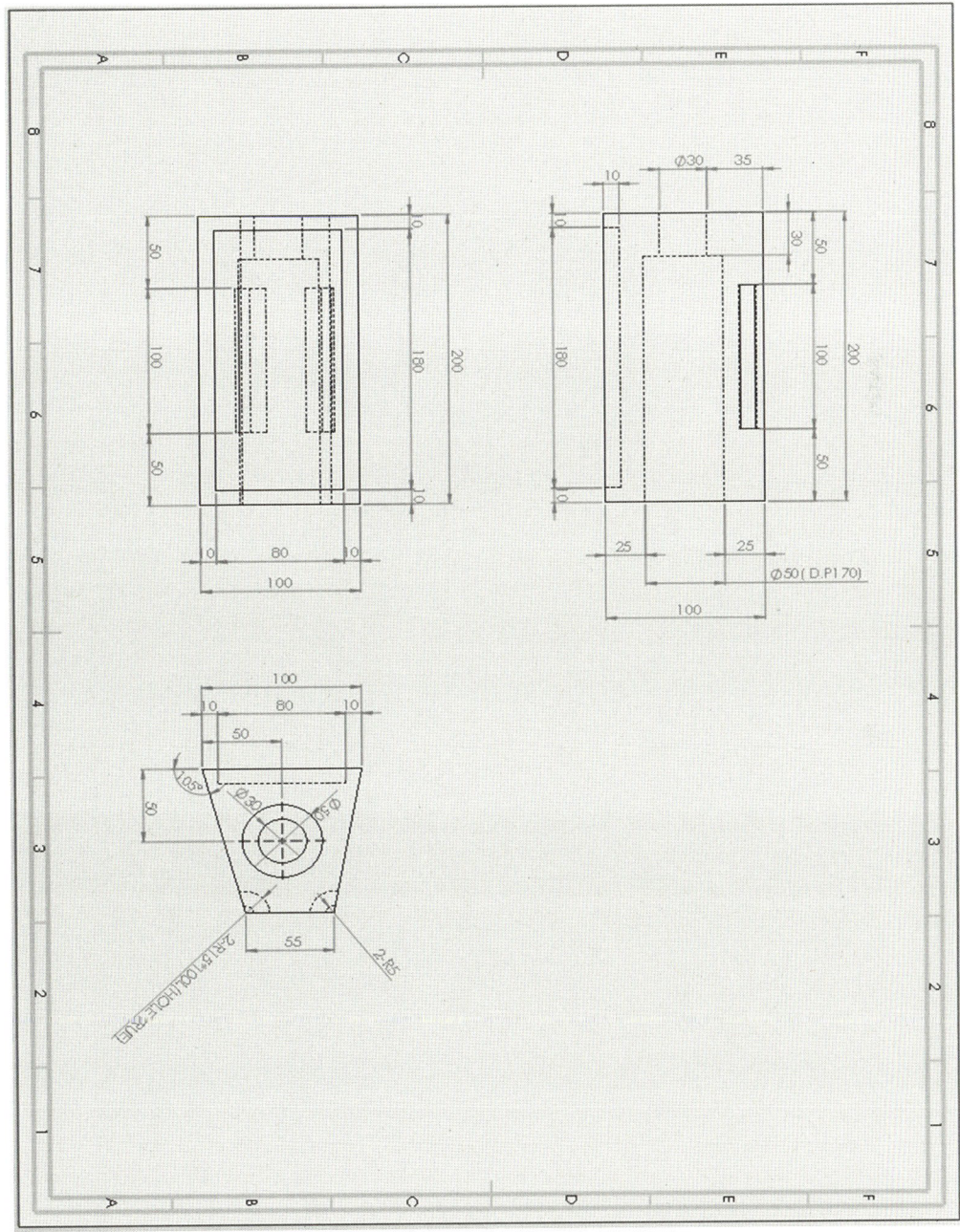

10 실기 예상 정리

| 종목명 | 3D 프린터개발산업기사 | 과제명 | 모델링 |

〚 제출모델링 작성 예시 〛

* 3D 프린터 모델링 출력 그림파일(척도 NS)

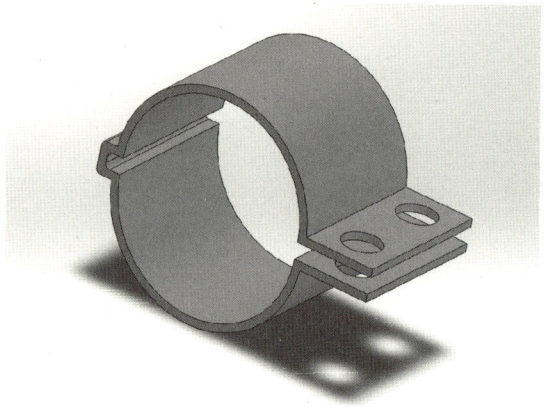

〈 정답도면 〉

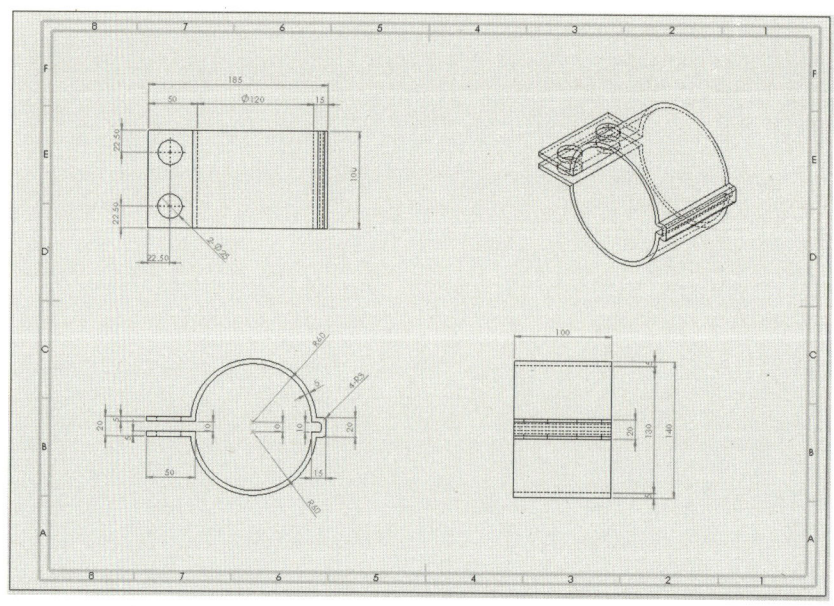

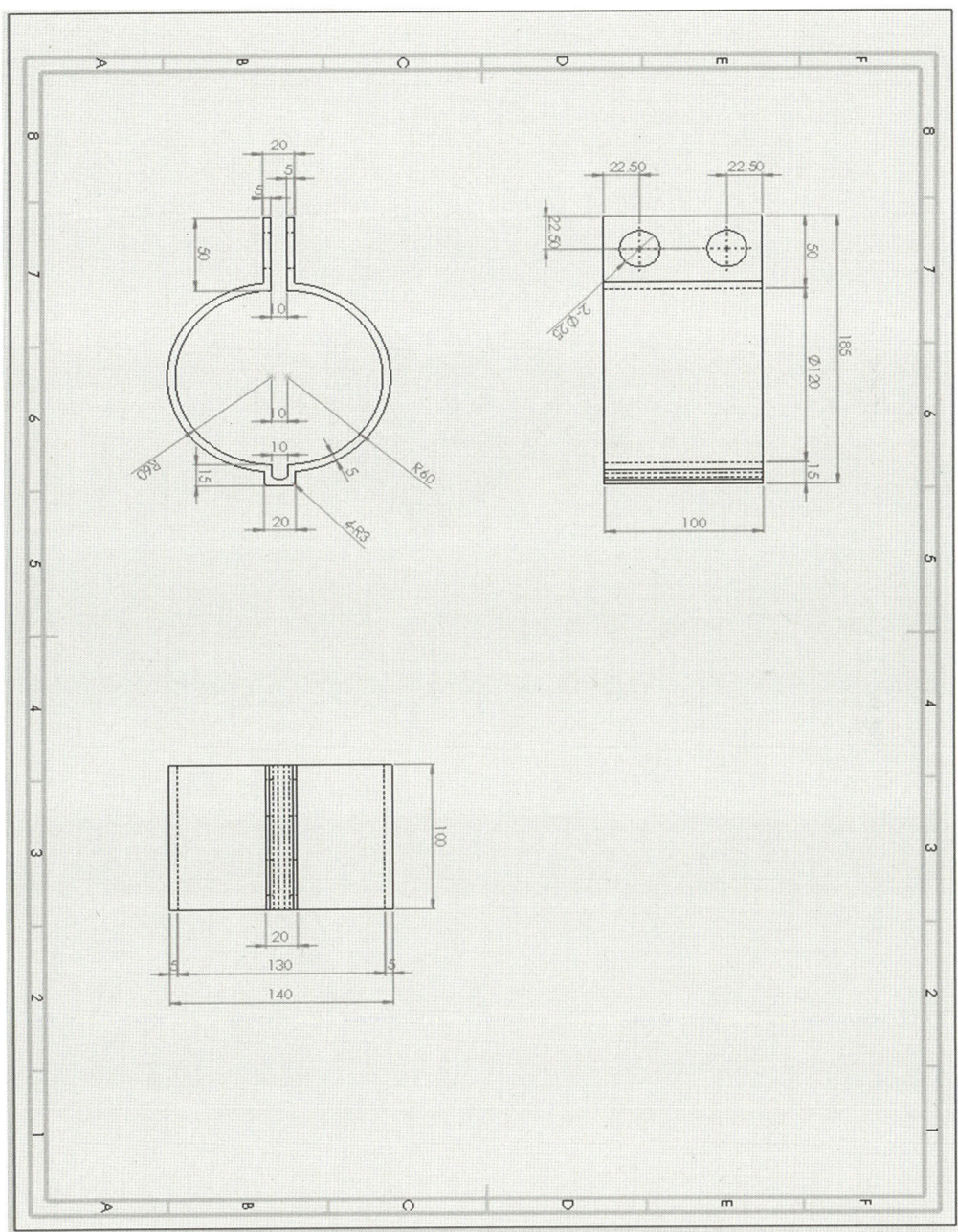

| 종목명 | 3D 프린터개발산업기사 | 과제명 | 모델링 |

『 제출모델링 작성 예시 』

   * 3D 프린터 모델링 출력 그림파일(척도 NS)

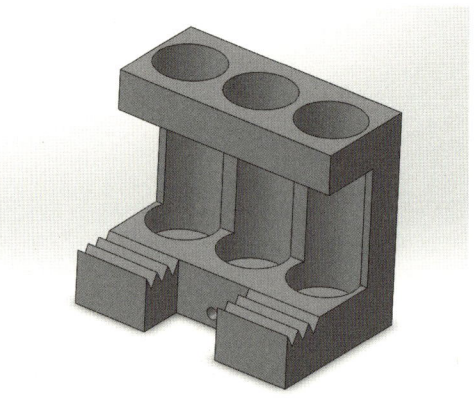

〈 정답도면 〉

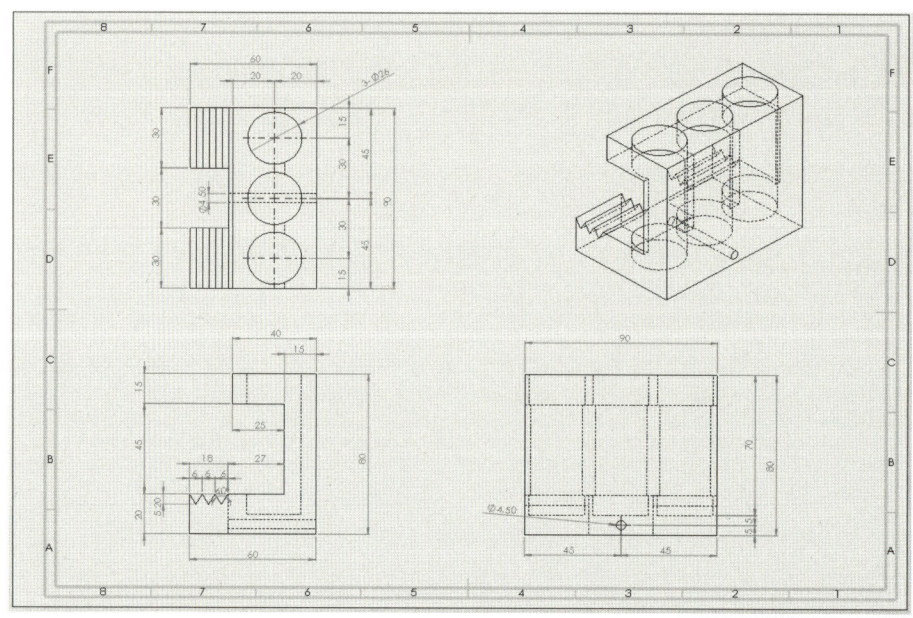

| 종목명 | 3D 프린터개발산업기사 | 과제명 | 3D모델링 | 척도 | NS |

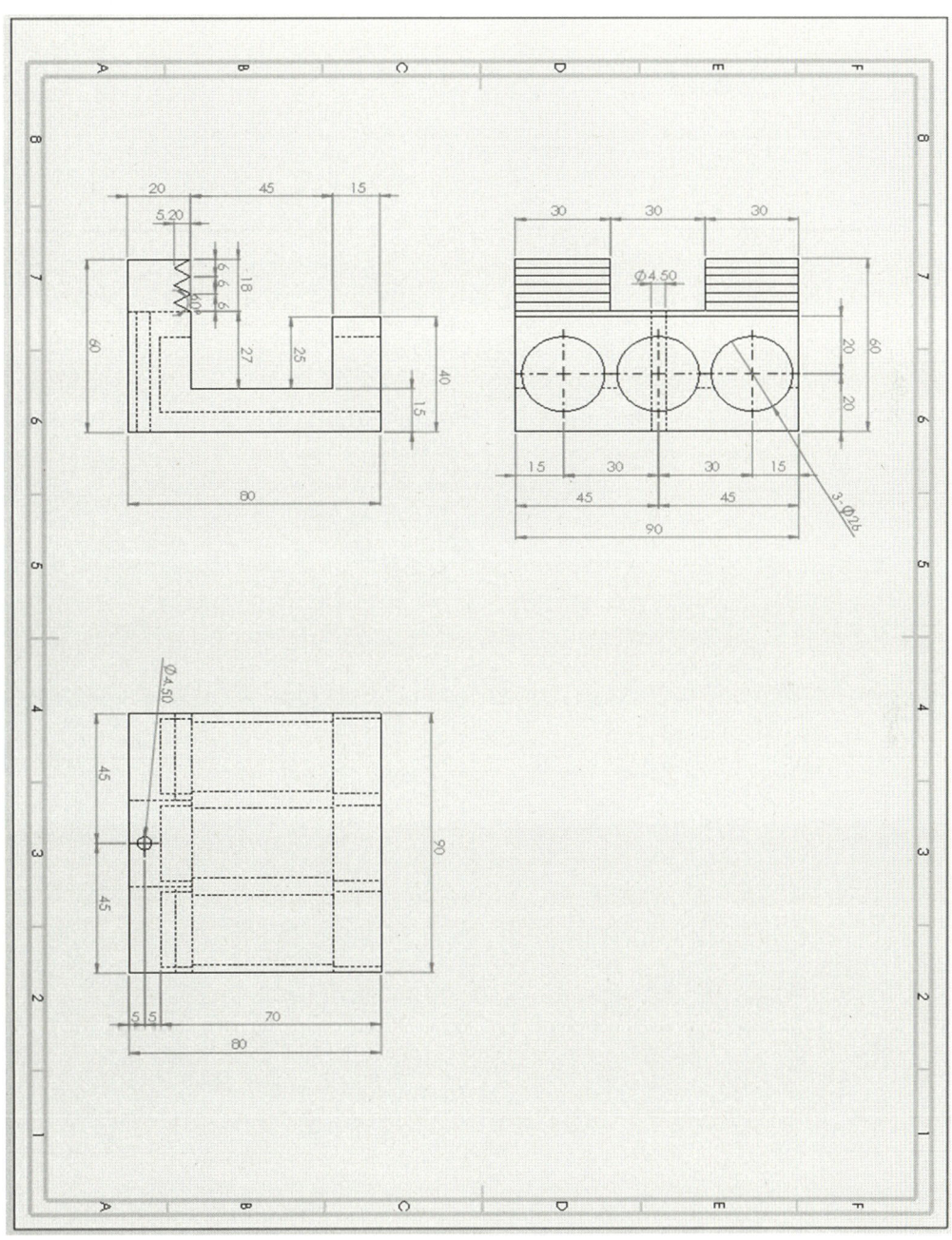

10 실기 예상 정리

| 종목명 | 3D 프린터개발산업기사 | 과제명 | 모델링 |

〘 제출모델링 작성 예시 〙

　* 3D 프린터 모델링 출력 그림파일(척도 NS)

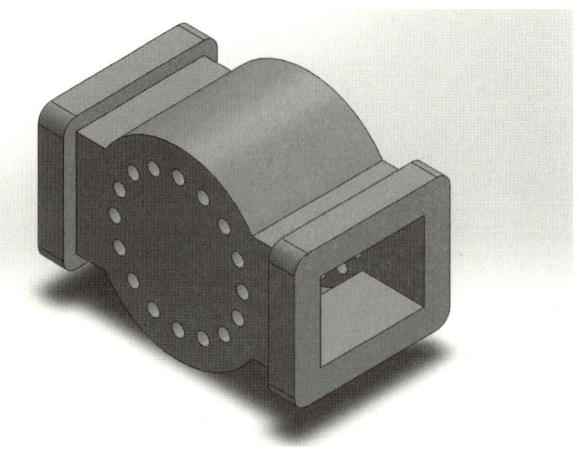

〈 정답도면 〉

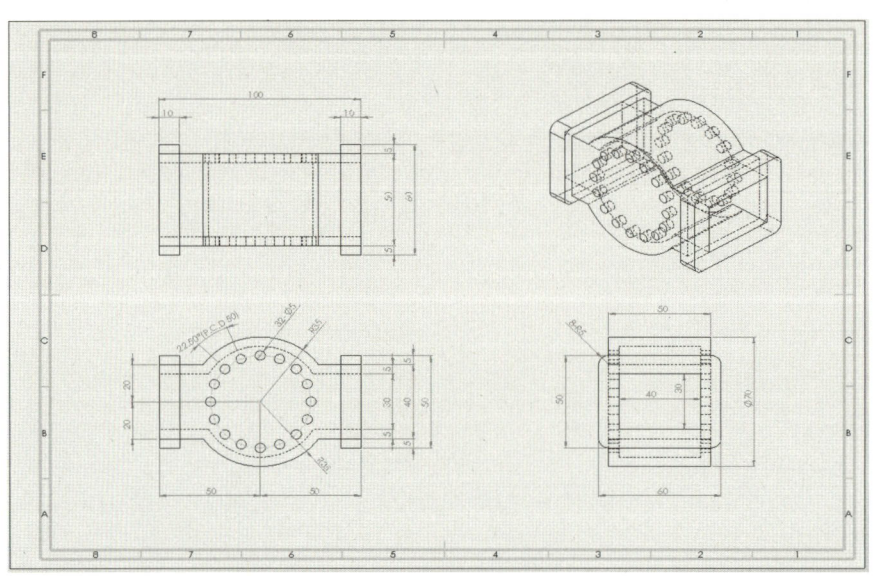

| 종목명 | 3D 프린터개발산업기사 | 과제명 | 3D모델링 | 척도 | NS |

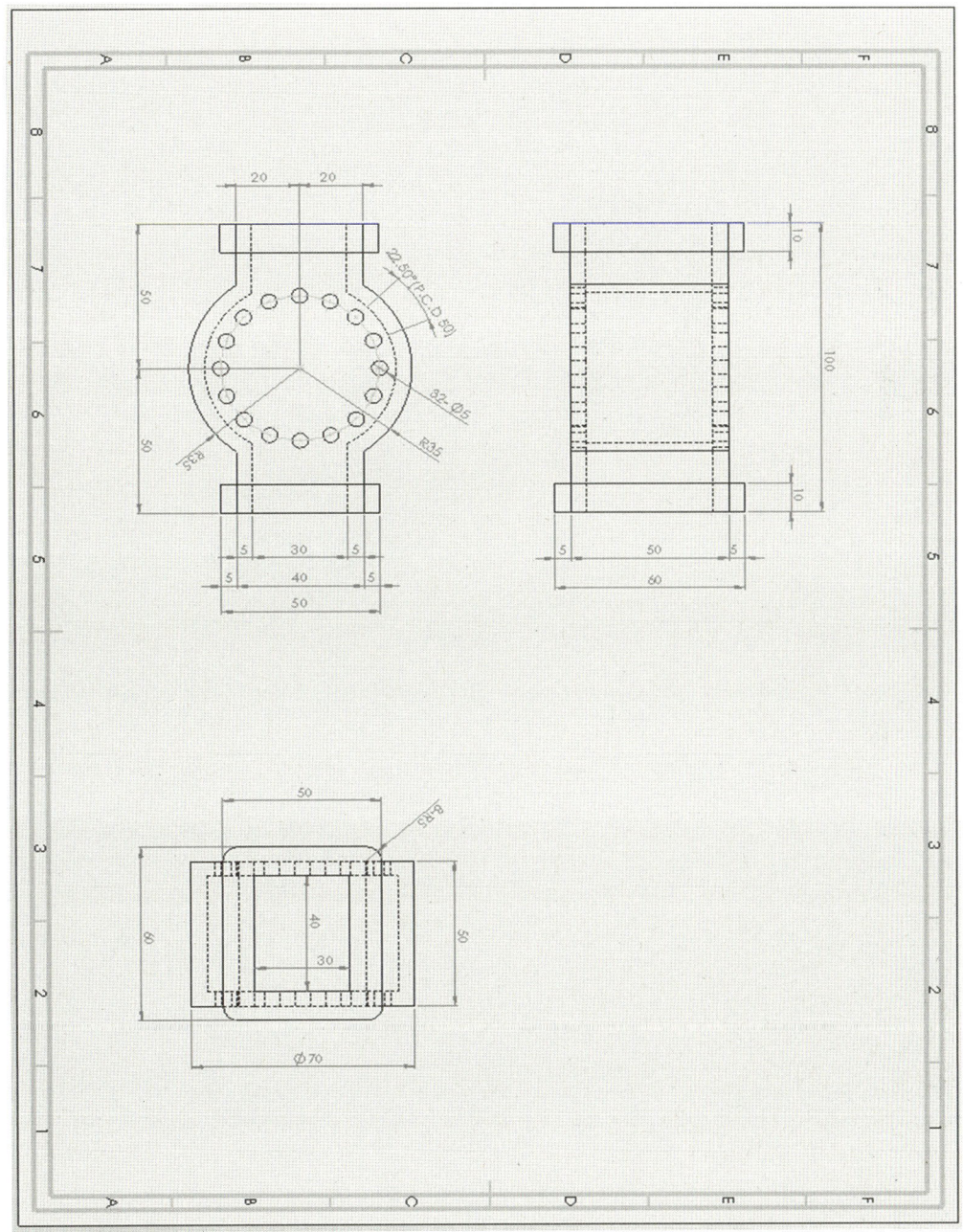

10 실기 예상 정리

| 종목명 | 3D 프린터개발산업기사 | 과제명 | 모델링 |

〖 제출모델링 작성 예시 〗

  * 3D 프린터 모델링 출력 그림파일(척도 NS)

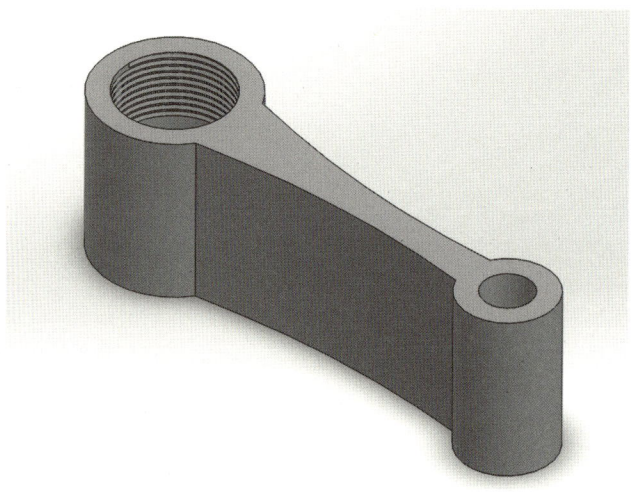

〈 정답도면 〉

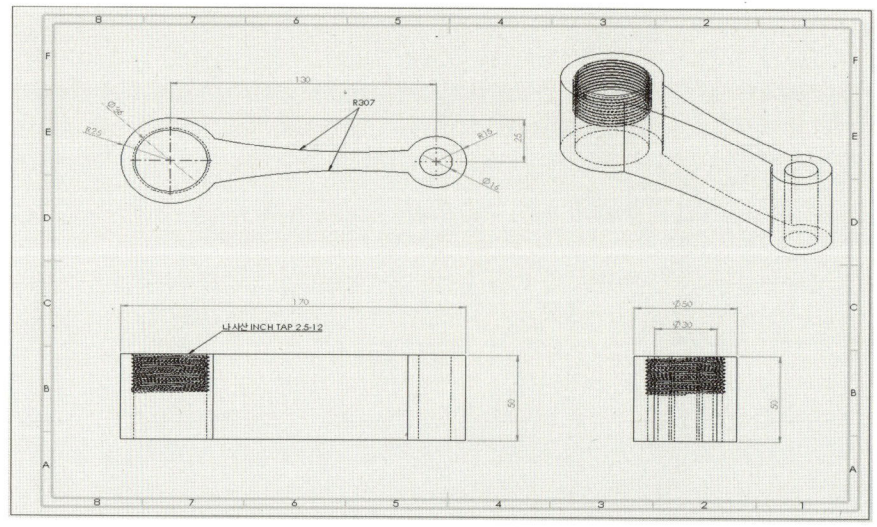

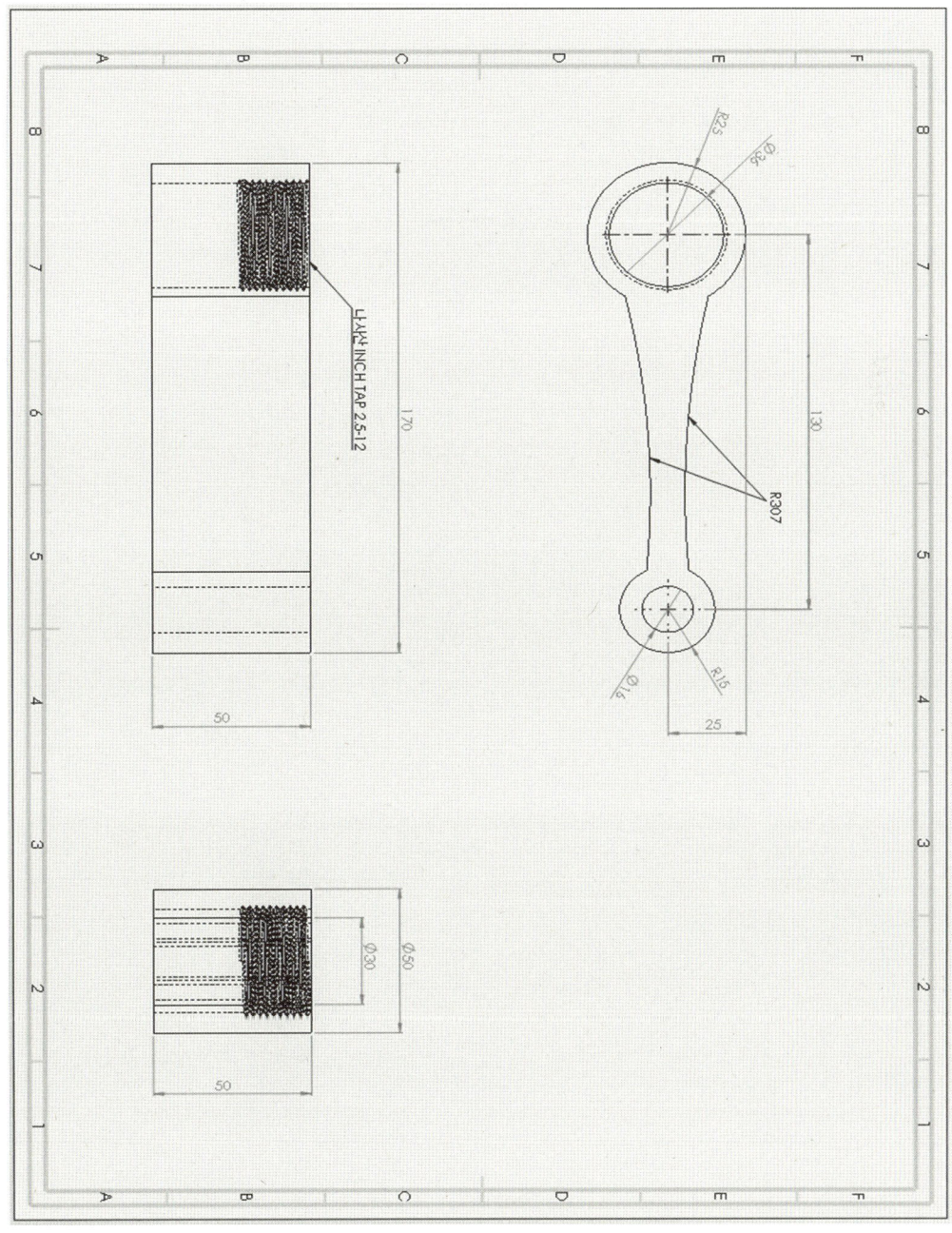

10 실기 예상 정리

| 종목명 | 3D 프린터개발산업기사 | 과제명 | 모델링 |

〚 제출모델링 작성 예시 〛

* 3D 프린터 모델링 출력 그림파일(척도 NS)

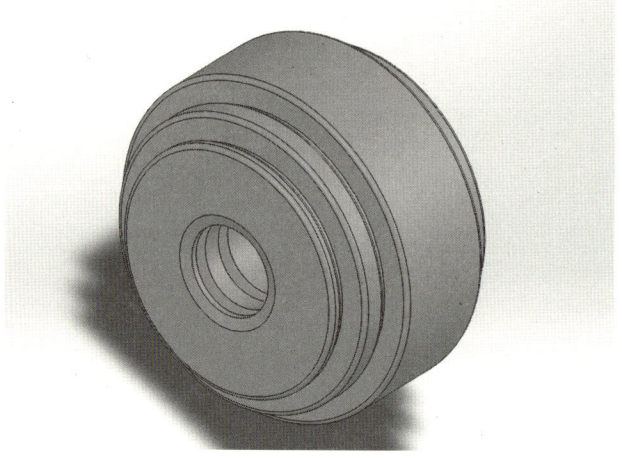

〈 정답도면 〉

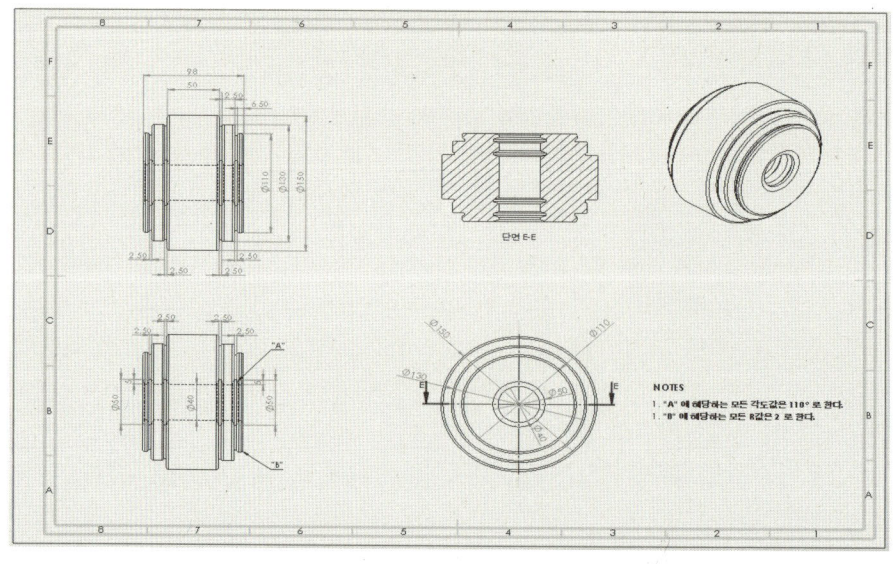

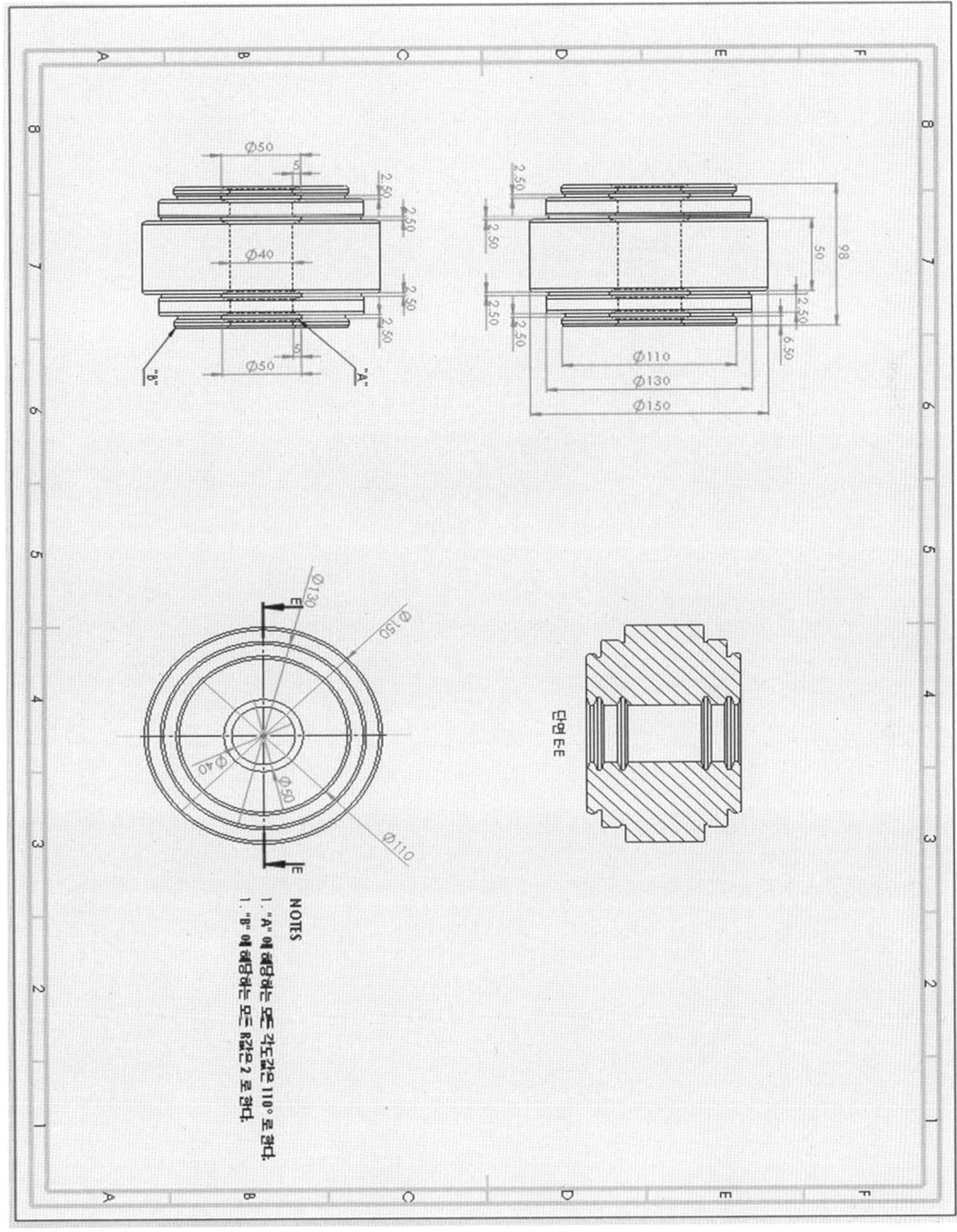

| 종목명 | 3D 프린터개발산업기사 | 과제명 | 모델링 |

『제출모델링 작성 예시』

* 3D 프린터 모델링 출력 그림파일(척도 NS)

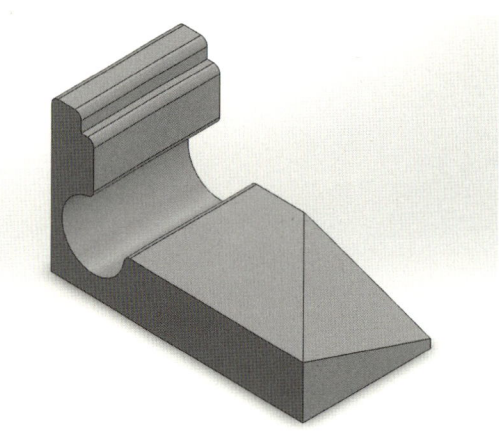

〈 정답도면 〉

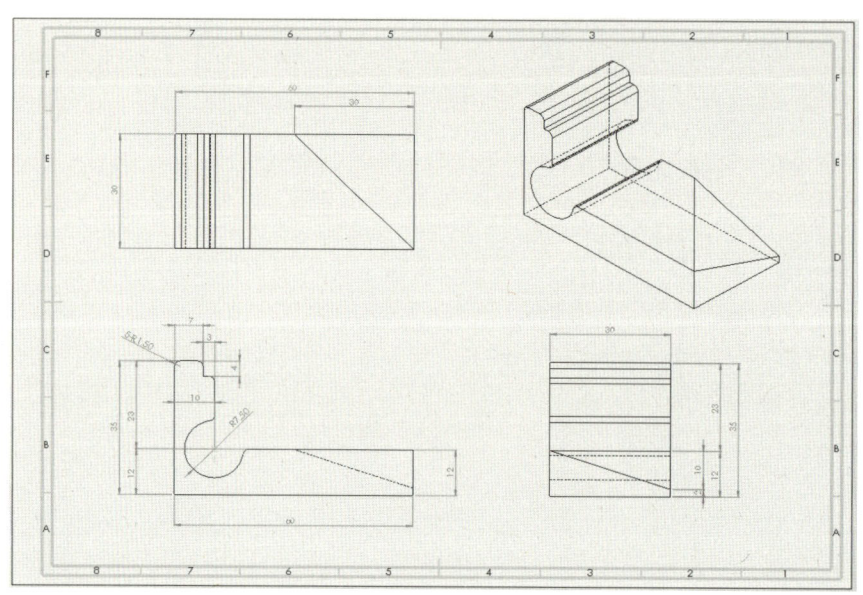

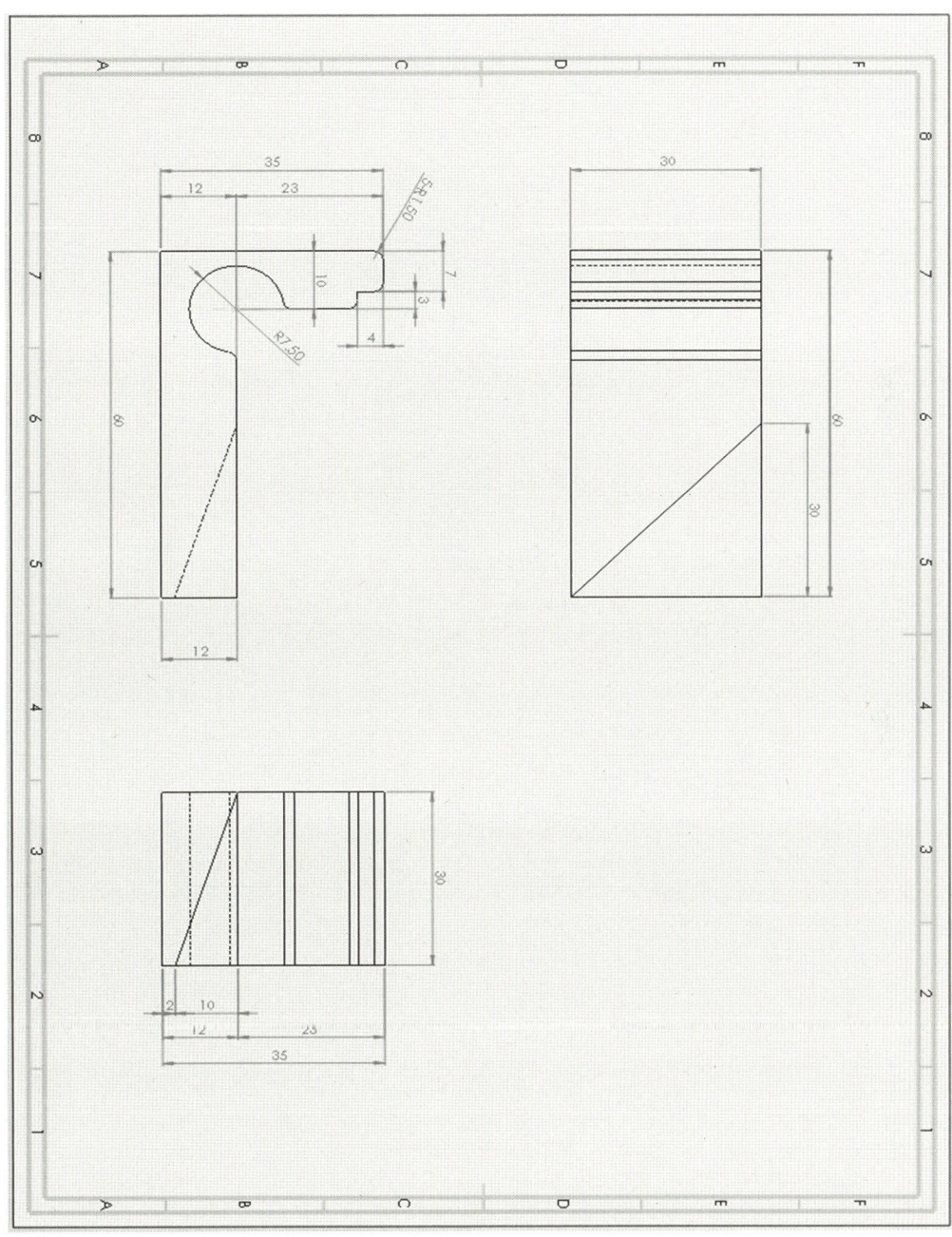

10 실기 예상 정리

| 종목명 | 3D 프린터개발산업기사 | 과제명 | 모델링 |

〖 제출모델링 작성 예시 〗

　　* 3D 프린터 모델링 출력 그림파일(척도 NS)

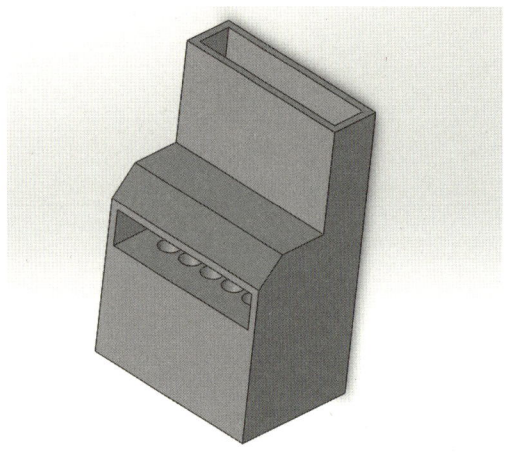

〈 정답도면 〉

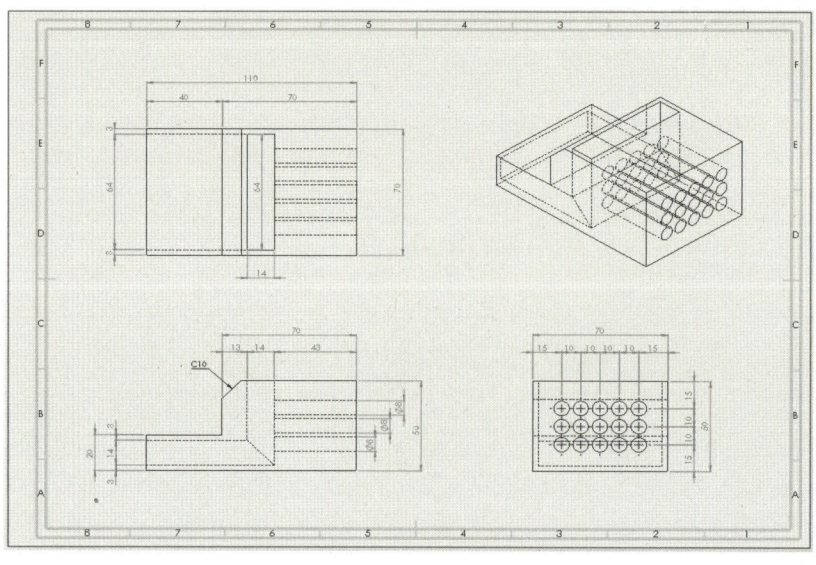

| 종목명 | 3D 프린터개발산업기사 | 과제명 | 3D모델링 | 척도 | NS |

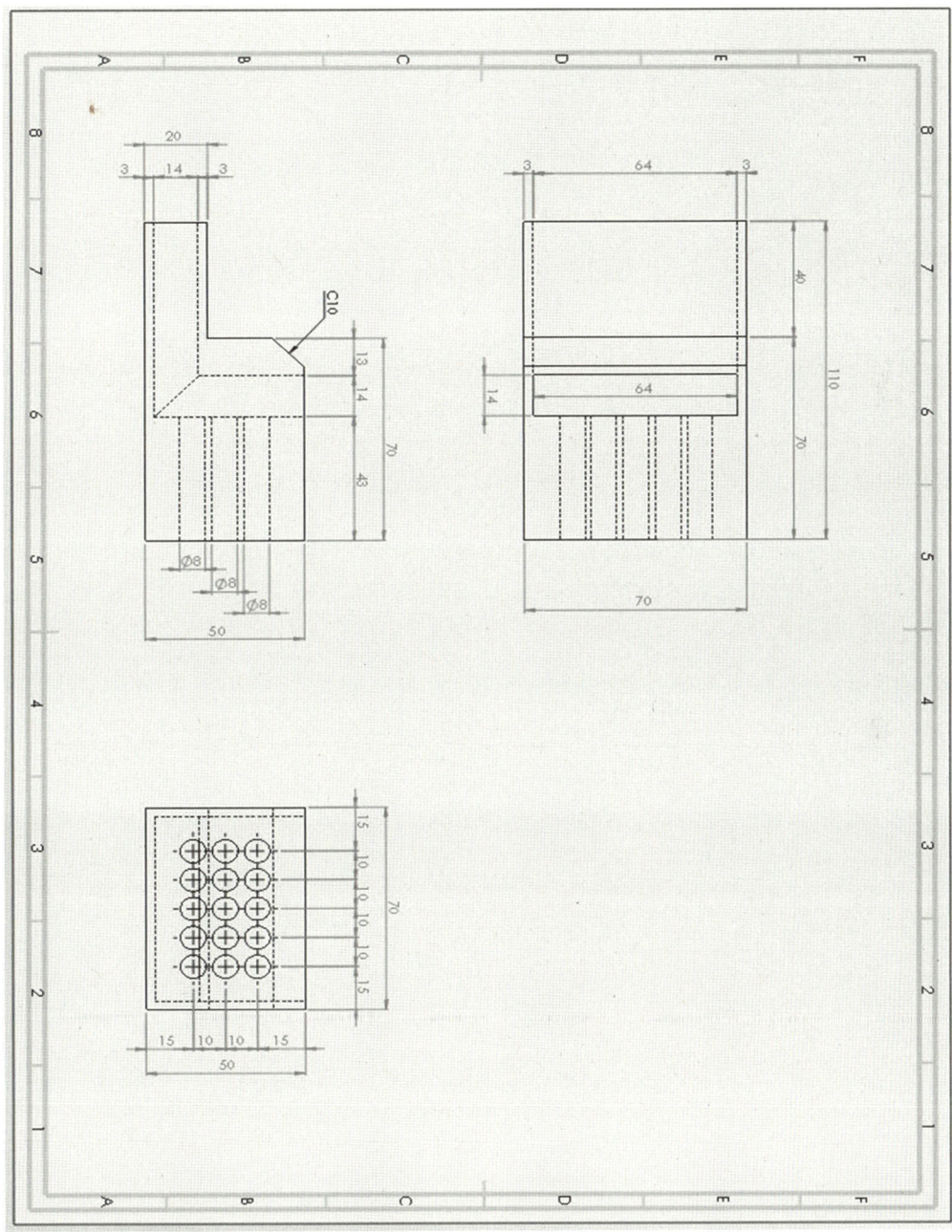

10
실기 예상 정리

국가기술자격시험대비 3D 프린터 개발산업기사(필기+실기)

2018년 12월 10일 초판 1쇄 발행 | 2018년 12월 17일 초판 2쇄 발행

저자 선영태, 문용재, 고병갑, 정호승, 이무연, 정윤성, 강민정, 정현지 | **발행인** 장진혁 | **발행처** (주)형설이엠제이
주소 서울시 마포구 월드컵북로 402 KGIT 상암센터 1212호 | **전화** (070) 4896-6052~3
등록 제2014-000262호 | **홈페이지** www.emj.co.kr | **e-mail** emj@emj.co.kr
공급 형설출판사

정가 18,000원

ⓒ 2018 (주)형설이엠제이, 선영태, 문용재, 고병갑, 정호승, 이무연, 정윤성, 강민정, 정현지 All Rights Reserved.

ISBN 979-11-86320-53-2 13580

* 본서는 저자와의 협의에 따라 인지는 붙이지 않습니다.
* 이 책은 저작권법에 의해 보호를 받는 저작물이므로 동영상 제작 및 무단전재와 복제를 금합니다.

이 도서의 국립중앙도서관 출판시도서목록(CIP)은 서지정보유통지원시스템 홈페이지(http://seoji.nl.go.kr)와
국가자료공동목록시스템(http://www.nl.go.kr/kolisnet)에서 이용하실 수 있습니다.(CIP제어번호 : CIP2018033969)

3D 프린터 개발산업기사

필기+실기